O CHALÉ DA MEMÓRIA

TONY JUDT

O CHALÉ DA MEMÓRIA

Tradução
Celso Nogueira

OBJETIVA

Copyright © 2010 by Tony Judt

Todos os direitos desta edição reservados à
Editora Objetiva Ltda.
Rua Cosme Velho, 103
Rio de Janeiro — RJ — Cep: 22241-090
Tel.: (21) 2199-7824 — Fax: (21) 2199-7825
www.objetiva.com.br

Título original
The Memory Chalet

Capa
Adaptação de Marcelo Pereira sobre design original de Gabriele Wilson

Imagem de capa
Tim Thompson/Corbis (DC)/Latinstock

Revisão
Ana Kronemberger
Ana Julia Cury
Lilia Zanetti

Editoração eletrônica
Abreu's System Ltda.

CIP-BRASIL. CATALOGAÇÃO-NA-FONTE
SINDICATO NACIONAL DOS EDITORES DE LIVROS, RJ

J85r

    Judt, Tony
        O chalé da memória / Tony Judt; tradução Celso Nogueira.
    - Rio de Janeiro: Objetiva, 2012.

        Tradução de: *The memory chalet*
        222p.   ISBN 978-85-390-0318-1

        1. Civilização moderna - Séc. XX. 2. Século XX. 3. Escritores ingleses - Séc. XXI - Biografia. I. Título.

11-8355   CDD: 909.82
                                 CDU: 94(100)

Para Jennifer, Daniel e Nicholas

Sumário

Prefácio   *9*

I.   O chalé da memória   *11*

II.   Noite   *24*

Parte Um

III.   Austeridade   *33*

IV.   Comida   *41*

V.   Carros   *48*

VI.   Putney   *55*

VII.   O ônibus da Green Line   *63*

VIII.   Desejo mimético   *70*

IX.   O *Lord Warden*   *77*

Parte Dois

X.   Joe   *87*

XI.   Kibutz   *95*

XII.   *Bedder*   *103*

XIII.   Paris foi ontem   *112*

XIV.   Revolucionários   *120*

XV.   Trabalho   *127*

XVI.   Meritocratas   *135*

XVII.   Palavras   *146*

Parte Três

XVIII.   Para o Oeste, jovem Judt   *157*

XIX.   Crise de meia-idade   *165*

XX.   Mentes cativas   *172*

XXI.   Mulheres, mulheres, mulheres   *180*

XXII.   Nova York, Nova York   *188*

XXIII.   Povo fronteiriço   *196*

XXIV.   Toni   *204*

Envoi

XXV.   Montanhas mágicas   *215*

Prefácio

Os ensaios deste livro não se destinavam à publicação. Comecei a escrevê-los para minha própria satisfação — e, graças ao estímulo de Timothy Garton Ash, que me incentivou a aproveitar a crescente referência interna a meus próprios pensamentos. Não creio que eu fizesse ideia do que ia começar e agradeço a Tim pelo apoio e pela confiança na elaboração do esboço inicial.

Mais ou menos na metade da redação desses *feuilletons*, mostrei um ou dois textos a meus agentes da Wylie, bem como a Robert Silvers, do *New York Review of Books*, e o entusiasmo deles me comoveu. Contudo, surgiu uma questão ética para mim. Como não os escrevi com o intuito de publicá-los imediatamente, estes pequenos textos não se beneficiaram de um editor — ou, mais precisamente, de um censor — interno. Quando mencionei meus pais ou a infância, as ex-esposas e os colegas atuais, deixei que eles se manifestassem. Isso tem o mérito da sinceridade; espero que não ofenda ninguém.

Não alterei nem reescrevi os textos originais, que foram redigidos com a ajuda e colaboração de meu colega de

PREFÁCIO

longa data, Eugene Rusyn. Ao lê-los, vejo que fui muito franco e ocasionalmente crítico em relação às pessoas que amo, mas ponderado e discreto em geral, quando tratava de pessoas por quem não sinto afeto. Sem dúvida, melhor que seja assim. Realmente espero que meus pais, minha mulher e, acima de tudo, meus filhos leiam estes exercícios com carinho, pois constituem mais uma prova de meu imenso amor por todos eles.

I

O chalé da memória

Para mim a palavra "chalé" evoca uma imagem muito específica. Traz à mente uma pequena pensão, um hotelzinho familiar no esquecido vilarejo de Chesières, no sopé dos montes da região de esqui de Villars, na Suíça francesa. Passamos férias de inverno lá, em 1957 ou 58. Esquiar — no meu caso, andar de trenó — não deve ter sido muito memorável: só me lembro de que meus pais e um tio costumavam atravessar a ponte congelada para pegar o teleférico, passando a tarde na montanha, embora renunciassem aos luxos do *après-ski* em prol de uma noite sossegada no chalé.

Para mim, aquela era sempre a melhor parte das férias de inverno: o entretenimento repetitivo na neve abandonado no início da tarde, trocado pelas poltronas pesadas, vinho quente, comida farta do campo e noites longas de relaxamento no salão, no meio de desconhecidos. Mas que desconhecidos! A curiosa pequena *pensione* de Chesières pelo jeito atraía atores britânicos anônimos que buscavam férias sob a sombra indiferente e distante de seus colegas mais famosos, instalados no alto da montanha.

Na segunda noite que passamos lá, o salão de jantar foi agraciado por uma torrente de obscenidades que fez minha mãe levantar da cadeira. Acostumada aos termos chulos — cresceu nas imediações das antigas docas da West India —, superara as limitações de sua classe social, ascendendo ao limbo cortês das cabeleireiras, e não pretendia expor a família àquela baixaria.

A sra. Judt marchou decidida até a mesa dos bocas-sujas e pediu que parassem: havia crianças no recinto. Uma vez que minha irmã ainda não completara 18 meses, e eu era a única outra criança no hotel, a exigência só podia ser por minha causa. Os jovens — e, soube mais tarde, desempregados — atores responsáveis pela turbulência se desculparam imediatamente e nos convidaram para comer a sobremesa em sua companhia.

Eles formavam um grupo encantador, mais ainda para o menino de 10 anos que via (e ouvia) tudo, agora sentado junto a eles. Embora fossem todos desconhecidos àquela altura, alguns teriam um futuro ilustre: Alan Badel, que ainda não era um ator shakesperiano brilhante que incluiria em seu currículo uma respeitável filmografia (*O Dia do Chacal*); mas, acima de tudo, a exuberante Rachel Roberts, que logo encarnaria a icônica esposa desiludida de classe baixa nos melhores filmes britânicos do pós-guerra (*Tudo Começou no Sábado, O Pranto de um Ídolo, O Lucky Man!*). Foi Roberts quem me colocou debaixo de suas asas, murmurando imprecações irreproduzíveis com voz de barítono movida a uísque, o que me deixou com poucas ilusões quanto a seu futuro, embora com uma certa dúvida em relação ao meu. Durante aquelas férias ela me ensinou a jogar pôquer, vários truques com baralho e mais nomes feios do que eu seria capaz de esquecer.

Talvez por esse motivo o hotelzinho suíço na rua principal de Chesières ficou guardado com carinho no fundo da minha memória, mais do que outros prédios de madeira, sem dúvida idênticos, onde dormi no decorrer dos anos. Ficamos hospedados nele por mais ou menos dez dias, e regressei ao hotel só uma vez, por pouco tempo. Até hoje, porém, consigo descrever o estilo intimista do local.

Havia alguns excessos de indulgência: entrava-se em um mezanino que separava uma pequena área de subsolo dos salões do andar térreo. A ideia era separar os equipamentos molhados dos esportes de inverno (esquis, bastões, botas, casacos, trenós etc.) do ambiente seco e aconchegante dos salões de uso comum. Havia dois, um de cada lado da recepção, com janelas panorâmicas grandes que davam vista para a rua principal do vilarejo e os desfiladeiros que o rodeavam. Atrás deles, por sua vez, situavam-se as áreas de serviço, como a cozinha, ocultas por uma escada larga e íngreme que levava ao andar superior, dos quartos.

Este andar era dividido de forma organizada, e talvez intencional, em um dormitório mais bem mobiliado à esquerda e quartos menores, de solteiro e sem banheiro, do outro lado, cujo corredor terminava em alguns degraus para o sótão, reservado aos funcionários (menos na alta temporada). Nunca conferi, mas duvido que o hotel tivesse mais de 12 quartos disponíveis, além das três áreas de uso comum e do terreno circundante. Era um hotelzinho para famílias

O CHALÉ DA MEMÓRIA

pequenas e de recursos modestos, localizado num povoado despretensioso, sem maiores ambições na vida além de sua situação geográfica. Deve haver mais de 10 mil pousadas do gênero na Suíça: de uma delas guardei uma lembrança visual quase perfeita.

Exceto como estímulo para lembranças agradáveis, duvido que tenha pensado muito no chalé de Chesières nos cinquenta anos seguintes. Entretanto, quando recebi o diagnóstico de esclerose lateral amiotrófica (ELA), em 2008, logo percebi que não seria fácil viajar de novo — na verdade, seria uma bênção se eu estivesse em condições de escrever sobre minhas viagens — e o primeiro lugar que me veio à mente com insistência foi o hotel de Chesières. Por quê?

A característica marcante dessa doença neurodegenerativa específica é que ela deixa a mente clara para refletir sobre o passado, presente e futuro, mas aos poucos priva a pessoa dos meios de converter suas reflexões em palavras. Primeiro, não é possível escrever sozinho, precisamos de um assistente ou de uma máquina para conseguir registrar nossos pensamentos. Depois, as pernas travam e não se pode buscar novas experiências, exceto ao custo de tanta complexidade logística que a mera movimentação se torna o objeto de atenção, em vez de os benefícios que a própria mobilidade pode oferecer.

Em seguida, perde-se a voz: não só no sentido metafórico de ter de falar por meio de intermediários mecânicos ou humanos, mas literalmente, pois os músculos do diafragma não conseguem soprar ar suficiente pelas cordas vocais na pressão exigida para a emissão de sons inteligíveis. A esta altura você está quadriplégico, com quase toda a certeza, e

14

condenado a longas horas de imobilidade silenciosa, seja na presença de alguém, seja sozinho.

Para alguém que pretende continuar sendo um comunicador de palavras e conceitos, isso representa um desafio incomum. Lá se foi o bloco amarelo, com o lápis, agora inútil. Lá se foram os revigorantes passeios no parque ou os exercícios na academia, onde as ideias e sequências se encaixam no lugar certo, como por seleção natural. Também se vão os contatos proveitosos com os amigos mais próximos — mesmo no ponto médio do declínio provocado pela ELA, a vítima consegue pensar bem mais depressa do que forma palavras, de modo que a conversa se torna fragmentada, frustrante e, no fim das contas, contraproducente.

Creio que cheguei a uma resposta a este dilema meio por acaso. Após alguns meses de doença, me dei conta de que escrevia histórias inteiras durante a noite, em minha cabeça. Sem dúvida eu pretendia dormir, trocando carneirinhos saltitantes por uma narrativa complexa de efeito comparável. Mas, no decorrer desses pequenos exercícios, percebi que reconstruía — como se montasse um Lego — segmentos interligados de meu passado que jamais imaginara estarem relacionados. Em si, isso não era nenhuma façanha: os fluxos de consciência que me levavam da locomotiva a vapor às minhas aulas de alemão, das linhas de ônibus interioranos cuidadosamente distribuídas à história do urbanismo no período entreguerras —, surgiam com facilidade e se desdobravam em direções interessantes de todos os tipos. Mas como eu poderia recapturar aquelas pistas semienterradas no dia seguinte?

Foi então que as nostálgicas recordações dos dias felizes passados em vilarejos hospitaleiros da Europa Central passaram a desempenhar um papel mais prático. Havia muito eu sentia fascínio pelos recursos mnemônicos empregados por pensadores e viajantes do início da modernidade para guardar e lembrar detalhes e descrições: os ensaios renascentistas de Frances Yates os registraram com maestria — e, mais recentemente, constam no relato de um viajante italiano à China medieval, *The Memory Palace of Matteo Ricci* (O palácio de memória de Matteo Ricci), de Jonathan Spence.

Esses pretensos memorialistas não construíram apenas hospedarias e residências onde pudessem guardar seu conhecimento: ergueram *palácios*. Contudo, eu não desejava construir palácios em minha mente. A coisa toda sempre me pareceu meio indulgente: da Hampton Court de Wolsey à Versalhes de Luís XIV, essas extravagâncias sempre procuraram impressionar, mais do que servir. Eu não poderia imaginar em minhas noites imóveis e silenciosas um palácio da memória, assim como não poderia costurar um terno estrelado. Mas, se não um palácio da memória, por que não um chalé da memória?

A vantagem de um chalé não reside apenas no fato de eu poder visualizá-lo com detalhes consideráveis e realistas — do trilho para raspar a neve dos pés na entrada à folha interna da janela, para deter os ventos de Valaison —, mas também por ser um lugar ao qual eu sempre iria querer retornar. Para que um palácio da memória possa funcionar como depósito de lembranças infinitamente reorganizadas e reagrupadas, ele precisa ser um edifício de apelo extraordinário, ao menos para uma pessoa. A cada noite, por vários dias, semanas, meses e agora mais de um ano tenho retornado àquele chalé. Percorri os corredores curtos e familiares, com seus degraus de pedra gasta, acomodei-me em uma, duas, talvez três poltronas — convenientemente desocupadas pelos outros hóspedes. Então, com a vontade a impulsionar esta ideia de confiabilidade razoavelmente infalível, eu conjurei, examinei e organizei uma história, um argumento ou um exemplo para usar em algo que pretendia escrever no dia seguinte.

E depois? Eis o momento em que o chalé se transforma de gatilho mnemônico em dispositivo de armazenamento. Assim que eu descubro o que quero dizer e a sequência em que deveria ser dito, deixo a poltrona e volto à porta do chalé. Dali, refaço meus passos, normalmente a partir do primeiro armário — o dos esquis, por exemplo — até espaços mais substanciais: o bar, o salão de jantar, o de estar, o antigo quadro de madeira para chaves, pendurado sob o relógio cuco, a coleção aleatória de livros debaixo da escada dos fundos, e dali para um dos quartos. A cada um dos locais atribuí um trecho da narrativa, digamos, ou talvez um exemplo ilustrativo.

O sistema está longe de ser perfeito. As sobreposições persistem, e eu preciso ter certeza de que, a cada novo relato, um roteiro diferente e inconfundível precisa ser criado, evitando assim confusão com cenas similares de um predecessor recente. Portanto, apesar das primeiras impressões, não é prudente associar todas as questões relativas à nutrição a um único quarto, ou sexo e sedução a outro, ou debates intelectuais a um terceiro. Melhor confiar na microgeografia (esta gaveta vem depois do armário na parede) do que confiar na lógica da mobília mental convencional da qual dependemos.

Espanta-me a frequência com que as pessoas comentam a inerente dificuldade que sentem para distribuir *espa-*

cialmente seus pensamentos, de modo a poder recuperá-los poucas horas depois. Eu, mesmo dentro das restrições incomuns de meu aprisionamento físico, passei a ver este como o mais fácil dos recursos — quase mecânico demais, me convidando assim a organizar exemplos, sequências e paradoxos de modo cuidadoso, o que poderia reorganizar de maneira enganosa a confusão de impressões e recordações original e muito mais sugestiva.

Eu me pergunto se ser homem não ajuda: o tipo convencional masculino, que na média estaciona melhor o carro e relembra disposições espaciais melhor do que o tipo convencional feminino, que se dá melhor nos testes que exigem recordar impressões e pessoas? Quando criança eu me dava bem num jogo cujo objetivo era dirigir um carro por uma cidade desconhecida, usando o mapa que eu só tinha visto uma vez, rapidamente. Por outro lado, eu era e continuo sendo inútil em relação ao primeiro requisito de um político ambicioso: a capacidade de circular por uma festa, lembrando os arranjos domésticos e os preconceitos políticos de cada um dos presentes, antes de me despedir usando seus primeiros nomes. Deve existir um truque mnemônico para isso também, mas nunca tive a chance de aprendê-lo.

Na época de escrever (maio de 2010) eu havia completado, desde o início da doença, um pequeno livro sobre política, uma conferência, vinte *feuilletons* de recordações da minha vida e um conjunto de entrevistas considerável, destinado a um estudo em larga escala do século XX. Todos eles baseiam-se em um pouco mais que visitas noturnas ao meu chalé da memória, e nas tentativas subsequentes de recapturar em sequência, com detalhes, o conteúdo dessas visitas. Algumas voltadas para dentro — começam com uma casa, um ônibus ou uma pessoa; outras para fora, cobrindo décadas de observações e engajamentos políticos, além de viagens, aulas e comentários.

De fato, passei noites confortáveis, sentado na frente de Rachel Roberts ou apenas de um espaço vazio: pessoas e lugares entravam somente para sair de novo. Nas ocasiões improdutivas, porém, eu não me detinha por muito tempo. Abria a antiga porta da frente de madeira e subia para a Bernese Oberland, zona alpina do cantão de Berna — distorcendo a geografia para atender a uma associação da infância — e sentava num banco, meio aborrecido. Ali, transformado de pequeno ouvinte encantado e cheio de culpa de Rachel Roberts no introvertido avô pastor de *Heidi*, passo horas entre o sono inquieto e a vigília sonolenta, até acordar para a irritante consciência de que não consegui criar, guardar ou lembrar absolutamente nada dos esforços da noite anterior.

Noites improdutivas são quase fisicamente frustrantes. Claro, poderia dizer: deixa disso, você deveria se orgulhar por ter conservado a sanidade — onde está escrito que, além de tudo, você precisa ser produtivo? Entretanto, sinto certa culpa por aceitar o destino com tanta facilidade. Quem conseguiria fazer melhor, nessas circunstâncias? A resposta, é claro, seria "um eu melhor". Surpreende a frequência com que desejamos ser uma versão superior de nós mesmos, sabendo muito bem quanto nos custou chegar até aqui.

Não guardo ressentimento desta peça específica que a consciência nos prega. Mas ela abre a noite para os riscos do lado obscuro; eles não devem ser subestimados. O avô pastor de sobrancelhas cerradas, encarando fixamente todos os visitantes, não é um sujeito feliz: sua melancolia só se dispersava ocasionalmente, nas noites dedicadas a encher armários e gavetas, prateleiras e corredores, com os subprodutos guardados na lembrança.

Vale notar que o avô pastor, meu alter ego sempre insatisfeito, não fica apenas sentado à porta do chalé, frustrado em seu propósito. Ele fuma Gitanes, segura um copo de uísque, folheia o jornal, anda sem destino pelas ruas cobertas de neve, assobiando, nostálgico — e no geral se comporta como um homem livre. Em certas noites, é o máximo que ele consegue. Uma amarga reminiscência da perda? Talvez só o consolo de um cigarro lembrado.

Mas eu passo direto por ele, em outras noites: tudo funciona. Os rostos retornam, os exemplos se encaixam, as fotos em sépia ganham vida nova, "tudo se vincula" e em poucos minutos recupero minha história, com personagens, ilustrações e moral. O avô pastor e seus dispépticos lembretes do mundo perdido não pesam nada: o passado me rodeia e eu tenho o que preciso.

Mas que passado? As historinhas que tomam forma em minha mente quando estou deitado sob as cobertas, nas sombras da noite, são diferentes de tudo o que já escrevi. Até pelos critérios ultrarracionais de minha profissão eu sempre fui um "raciocinador", e, de todos os clichês a respeito da "História", o que mais me atraiu dizia que não passamos de filósofos que ensinam por meio de exemplos. Ainda creio que seja verdade, embora agora eu me veja a fazer isso por caminhos inegavelmente indiretos.

Em tempos idos eu me considerava uma espécie de Gepeto literário, construindo pequenos Pinóquios de afirmações e evidências, dando-lhes vida com a plausibilidade de sua construção lógica, dizendo a verdade por meio da indispensável honestidade de suas partes distintas. Meus últimos textos, porém, apresentam um caráter mais *indutivo*. Seu valor reside num efeito essencialmente impressionista: o sucesso com que relatei e entrelacei o privado e o público, o pensado e o intuído, o lembrado e o sentido.

Não sei que gênero é esse. Com certeza os bonequinhos de madeira resultantes me parecem mais frouxamente articulados e, todavia, mais humanos do que seus antecessores construídos pela dedução e rigorosamente predeterminados. Numa abordagem mais polêmica — "Austeridade", talvez — eles me remetem involuntariamente aos há muito esquecidos *feuilletons* da Viena de Karl Kraus: alusivos, sugestivos, quase leves demais para seu conteúdo urgente. Mas outros — numa linha mais afetiva, como "Comida", ou quem sabe "Putney" — servem a um objetivo contrário. Ao evitar as abstrações pesadas, tão ao gosto dos narradores da "busca da identidade", os textos talvez consigam descobrir exatamente esses contornos ocultos, sem a intenção de fazer isso.

Ao reler esses *feuilletons* suponho que fico espantado pelo homem que nunca me tornei. Há muitas décadas fui aconselhado a estudar literatura: história, me sugeriu um sábio professor, corresponderia sem atritos a meus instintos básicos e me induziria a fazer o que fosse mais fácil. A literatura — a poesia, em particular — me obrigaria a buscar dentro de mim palavras e estilos pouco familiares, com os quais eu ainda precisava descobrir certa afinidade. Não posso dizer que lamento não ter seguido esse conselho: meus hábitos intelectuais conservadores foram muito proveitosos. Mas realmente creio que perdi alguma coisa.

Eu me dei conta de que, quando criança, observava bem mais do que entendia. Talvez todas as crianças façam isso, no caso o que me distingue é apenas a oportunidade que me foi dada por uma doença catastrófica de registrar essas observações de maneira consistente. Mesmo assim, me intriga. Quando as pessoas me perguntam: "Mas como você se lembra do *cheiro* do ônibus da Green Line?" ou "Afinal, por que os detalhes de um hotel do interior da França ficaram tão marcados em sua memória?" A implicação é que pequenos chalés da memória ainda estavam sendo construídos.

Mas nada poderia estar mais longe da verdade. Eu apenas vivi aquele passado infantil e o vinculei a outros momentos com maior intensidade do que as crianças em geral, mas certamente nunca o reposicionei criativamente na memória para uso futuro. Com certeza fui uma criança solitária e guardava para mim os pensamentos. Isso, porém, não me distingue. Se as lembranças voltaram com tanta intensidade em meses recentes, deve ter sido por uma razão diferente.

A vantagem de minha profissão é que você tem uma história na qual se podem inserir exemplos, detalhes e ilustrações. Como um historiador do mundo do pós-guerra, recordando em silencioso autointerrogatório detalhes da própria vida durante o período, conto com a vantagem de uma narrativa que conecta e enfeita recordações que de outro modo seriam desconjuntadas. Para ser direto, o que me distingue de muitos outros que — como sugere minha correspondência recente — têm lembranças comparáveis é que eu posso usá-las de várias maneiras. Isso, por si, já bastaria para eu me considerar um sujeito de muita sorte.

Pode parecer de péssimo gosto considerar sortudo um homem saudável com filhos jovens que aos 60 anos foi diagnosticado com uma doença degenerativa incurável da qual deve morrer em pouco tempo. Mas existe mais de um tipo de sorte. Ser vítima de uma moléstia neurológica motora significa ter ofendido os Deuses em algum momento, com certeza, e nada mais resta a dizer a respeito. Contudo, se vamos sofrer, melhor manter a cabeça ocupada: cheia de peças recicláveis versáteis, feitas de recordações úteis e imediatamente disponíveis para uma mente com tendência analítica. Só faltava um armário para guardar tudo. Que eu tenha tido a sorte de encontrar um entre as tralhas de uma vida inteira me parece perto de boa sorte. Espero ter feito bom uso dele.

Tony Judt
Nova York
Maio de 2010

II

Noite

Sofro de uma doença neurológica motora, no meu caso uma variante da esclerose lateral amiotrófica (ELA): doença de Lou Gehrig. Os distúrbios neurológicos motores não são raros: mal de Parkinson, esclerose múltipla e uma variedade de moléstias menores se agrupam na categoria. O diferencial da ELA — a menos comum dessa família de doenças neuromusculares — é que, primeiro, não há perda de sensação (uma bênção dúbia), e, segundo, não há dor. Em contraste com quase todas as outras enfermidades sérias ou fatais, o doente continua livre para contemplar tranquilamente e com o mínimo desconforto o desenrolar catastrófico de sua própria deterioração.

Na prática, a ELA constitui um progressivo aprisionamento, sem liberdade condicional. Primeiro perdemos o uso de um ou dois dedos; depois de um membro, depois, inevitavelmente, dos quatro. Os músculos do torso se deterioram até o entorpecimento, um problema prático

O CHALÉ DA MEMÓRIA

do ponto de vista digestivo, além de ameaçar a vida, pois respirar torna-se primeiramente difícil e finalmente impossível sem ajuda externa na forma de uma bomba dotada de tubo. Nas variantes mais extremas da doença, associada à disfunção dos neurônios motores superiores (o resto do corpo segue os comandos dos assim chamados neurônios motores inferiores), não se consegue engolir, falar ou mesmo controlar a cabeça e o maxilar. Não sofri (ainda) este sintoma da doença, caso contrário não poderia ter ditado este texto.

No meu estágio atual de declínio sou praticamente tetraplégico. Com esforço extraordinário consigo mexer um pouquinho a mão direita e deslizar o braço esquerdo uns 15 centímetros, na altura do peito. As pernas, embora fiquem firmes o suficiente para permitir que o enfermeiro me transfira de uma cadeira para a outra, não sustentam meu peso, e só uma ainda se mostra capaz de movimentos autônomos leves. Portanto, quando pernas e braços estão em determinada posição, permanecerão assim até que alguém os mexa para mim. O mesmo vale para o tronco, o que apresenta como resultado dor nas costas, por conta da inércia e pressão, provocando uma irritação crônica. Sem poder usar os braços, não consigo me coçar, ajustar os óculos, remover partículas de alimento dos dentes ou fazer qualquer outra atividade que — como um momento de reflexão confirmaria — realizamos dúzias de vezes por dia. Para dizer o mínimo, vivo em completa e total dependência da boa vontade de estranhos (e de todos).

Durante o dia posso ao menos pedir que me cocem, ajeitem, sirvam uma bebida ou simplesmente mudem meus membros de lugar — uma vez que a imobilidade compulsória por horas a fio não é apenas um desconforto físico, como também beira o intolerável em termos psicológicos. Não perdemos a vontade de espreguiçar, abaixar, levantar, deitar, correr ou nos exercitar. Quando chega a vontade, não há nada — nada mesmo — que se possa fazer, exceto procurar algo que a substitua, ou um jeito de reprimir o pensamento e a consequente memória muscular.

Mas então chega a noite. Deixo para deitar no último momento possível compatível com a necessidade de sono do enfermeiro. Depois de ser "preparado" para dormir, sou levado até o quarto na cadeira de rodas em que passei as 18 horas do dia. Com alguma dificuldade (apesar da minha altura reduzida, pouco peso e magreza, ainda sou um peso morto considerável, até para um sujeito forte levantar), conseguem me colocar na cama. Fico sentado num ângulo de 110º, acomodado num canto com travesseiros e toalhas dobradas, com a perna esquerda meio voltada para fora, feito perna de bailarina, dada sua propensão a virar para dentro. O processo exige considerável concentração. Se deixar um membro mal posicionado, ou não insistir para o tronco ficar cuidadosamente alinhado com as pernas e a cabeça, sofrerei as agonias dos condenados durante a noite.

Então me cobrem, deixando as mãos do lado de fora da manta, para dar a ilusão de mobilidade, mas cobertas, pois — como o resto de mim — elas agora sofrem de uma sensação permanente de frio. Dos pés à cabeça uma dúzia de pontos recebem a coçada final; o sistema respiratório Bi--Pap no meu nariz recebe o ajuste necessário para o desconfortável nível de firmeza que garanta seu posicionamento correto durante a noite; meus óculos são retirados... e assim permaneço: enrolado, míope e imóvel como uma múmia moderna, sozinho em minha prisão corporal, pelo resto da noite acompanhado apenas por meus pensamentos.

Claro, posso pedir ajuda se precisar. Como não mexo os músculos, exceto do pescoço e da cabeça, meu aparelho de comunicação é uma babá eletrônica na mesa de cabeceira que permanece ligada o tempo inteiro, de modo que basta emitir um som para receber assistência. Nos estágios iniciais da doença a tentação de pedir ajuda era quase irresistível: todos os músculos sentiam necessidade de movimentação, cada centímetro da pele coçava, a bexiga descobria maneiras misteriosas de encher durante a noite, exigindo esvaziamento, e no geral eu sentia uma necessidade desesperadora de aconchego, luz e companhia, os confortos simples do relacionamento humano. A esta altura, porém, aprendi a deixar isso de lado na maioria das noites, encontrando consolo e refúgio em meus pensamentos.

A tarefa, embora eu diga isso para mim mesmo, não é nada fácil. Basta imaginar o quanto uma pessoa se mexe durante a noite. Não falo de mudar de lado ou lugar (por exemplo, ir ao banheiro, embora também conte), só de quando em quando mover a mão ou o pé; a todo momento coçamos várias partes do corpo, até pegar no sono; inconscientemente, alteramos a posição um pouquinho, até chegar à mais confortável. Imagine por um momento que o obrigaram a deitar de costas, absolutamente imóvel — não chega a ser a melhor posição para dormir, mas é a única que consigo suportar — por sete horas seguidas, forçado a procurar maneiras de tornar meu calvário tolerável, e não só por uma noite, mas pelo resto da vida.

Minha solução foi percorrer a vida que levei em pensamentos, fantasias, lembranças, falsas memórias e similares,

NOITE

até reencontrar eventos, pessoas ou narrativas que possam ser empregadas para desviar a mente do corpo em que está encerrado. Esses exercícios mentais precisam ser interessantes o suficiente para prender minha atenção e me ajudar a superar uma coceira intolerável dentro da orelha ou na parte de baixo das costas; mas eles também precisam ser maçantes e previsíveis a ponto de servirem como estímulo e prelúdio confiável para o sono. Levei algum tempo até identificar o processo como uma alternativa viável para a insônia e o desconforto físico, embora não tenha nada de infalível. De todo modo, surpreendo-me ocasionalmente ao refletir a respeito e ver com que disposição atravesso uma noite atrás da outra, semana após semana, mês após mês, em comparação ao sofrimento noturno insuportável do início. Acordo na posição exata, com o estado de espírito e sentimento de desespero suspenso com que fui para a cama — o que, nas circunstâncias, pode ser visto como um feito considerável.

Esta vida de barata vai se tornando insuportável, mesmo que seja perfeitamente viável todas as noites. A "barata", claro, é uma alusão ao *Metamorfose* de Kafka, no qual o protagonista acorda certa manhã para descobrir que foi transformado num inseto. O importante no conto é a reação e a incompreensão da família, bem como o relato de suas sensações, sendo difícil resistir à constatação de que nem amigo ou parente mais generoso e benevolente poderia compreender a sensação de isolamento e cativeiro que essa doença impõe a suas vítimas. O desamparo humilha, mesmo numa crise passageira — imagine ou recorde uma ocasião em que tenha levado um tombo, ou precisado da ajuda física de estranhos. Imagine a reação da mente à noção de que o desamparo humilhante da ELA constitui uma sentença de morte (falo em condenação à morte com leveza neste caso, pois isso na verdade seria libertador).

A manhã traz consigo algum alívio, embora seja revelador a respeito da solitária jornada noite adentro que a perspectiva de transferência para a cadeira de rodas onde eu passaria o dia inteiro seja capaz de animar meu espírito! Ter algo a fazer, no meu caso apenas verbal e cerebral, é uma variação saudável, no mínimo no sentido quase literal de proporcionar uma oportunidade de comunicação com o mundo externo e de expressar em palavras, muitas vezes veementes, as irritações e frustrações acumuladas por conta da inanição física.

O melhor meio de sobreviver à noite é tratá-la como se fosse dia. Se encontro alguém sem nada a fazer exceto conversar comigo a noite inteira a respeito de um tema divertido o bastante para nos manter acordados, eu o recebo de braços abertos. Mas ficamos sempre atentos, nesta doença, para a inevitável *normalidade* da vida alheia: as pessoas precisam fazer exercícios, sair e dormir. Por isso minhas noites se assemelham superficialmente às dos outros. Eu me preparo para deitar; vou para a cama; levanto (ou melhor, sou levantado). Mas o intervalo entre deitar e levantar é, como a própria doença, incomunicável.

Suponho que eu deveria me sentir ao menos um pouquinho satisfeito em saber que encontrei dentro de mim um mecanismo de sobrevivência do tipo que a maioria das pessoas normais só conhece pela leitura de relatos de desastres naturais ou celas solitárias. Admito que a doença tem seu lado de capacitação: graças à incapacidade de tomar notas ou preparar fichas, minha memória — que já era boa — aumentou consideravelmente com o auxílio de técnicas adaptadas do "palácio da memória" descrito de modo tão intrigante por Jonathan Spence. Mas as recompensas satisfatórias são notoriamente fugazes. Não vejo graça salvadora em viver confinado a um traje de ferro, frio e implacável. Os prazeres da agilidade mental são sempre supervalorizados — como ocorre agora comigo — pelos que não dependem exclusivamente deles. O mesmo pode ser dito dos estímulos bem-intencionados para buscar compensações não físicas para a incapacidade física. Um rumo inútil. Uma perda é uma perda, e nada se ganha por chamá-la de um nome bonitinho. Minhas noites são intrigantes, mas eu poderia passar muito bem sem elas.

Parte Um

III

Austeridade

Minha mulher pede aos restaurantes chineses que entreguem a comida em caixas de papelão. Meus filhos atentam de perto para as mudanças climáticas. Nossa família é ambientalista: por seus critérios, sou uma relíquia antediluviana da era da inocência ecológica. Mas quem circula pelo apartamento, apagando luzes e checando se há torneiras pingando? Quem prefere consertar tudo, na era da troca imediata? Quem recicla sobras e guarda cuidadosamente papel de embrulho? Meus filhos comentam com os amigos: meu pai nasceu na miséria. Nada disso, corrijo: cresci na austeridade.

Depois da guerra, faltava tudo. Churchill empenhara a Grã-Bretanha e exaurira o Tesouro para derrotar Hitler. O racionamento de roupas durou até 1949, a mobília barata e simples, "prática", até 1952, o controle sobre os alimentos, até 1954. As regras foram suspensas por um breve período, para a coroação de Elizabeth, em junho de 1953: todos rece-

AUSTERIDADE

beram um adicional de meio quilo de açúcar e 100 gramas de margarina. Mas esse exercício de generosidade desnecessária só serviu para ressaltar a penúria da vida cotidiana.

Para uma criança o racionamento fazia parte da ordem natural das coisas. Na prática, muito tempo depois que ele havia terminado, minha mãe ainda insistia que os doces continuavam sendo racionados. Quando retruquei que meus colegas de escola tinham acesso ilimitado a doces e balas, ela explicou de forma desaprovadora que os pais deles talvez estivessem recorrendo ao mercado negro. Sua história ganhou credibilidade maior por causa do legado da guerra, sempre presente. Crateras de bombas pontilhavam Londres: onde antes se erguiam casas, ruas, pátios ferroviários e armazéns víamos vastos terrenos cheios de entulho, cercados por cordas, em geral com um buraco no meio, onde caíra a bomba. No início dos anos 1950 já haviam retirado os artefatos que não explodiram e a maioria dos locais bombardeados — embora de acesso restrito — não apresentava mais perigo. E terrenos baldios eram irresistíveis como locais de brincadeira improvisados para os meninos.

Racionamento e subsídios significavam que as necessidades básicas estavam acessíveis a todos. Graças ao governo trabalhista do pós-guerra, as crianças tiveram acesso a uma gama enorme de alimentos saudáveis: leite grátis, suco de laranja concentrado, óleo de fígado de bacalhau — adquiridos somente em farmácias, depois que a pessoa se identificava. O suco de laranja vinha em garrafas retangulares, parecidas com frascos de remédio, e nunca mais deixei de fazer esta associação. Até hoje copos cheios provocam em mim uma pontada de culpa sublimada: melhor não beber tudo de uma vez. Quanto ao óleo de fígado de bacalhau, impingido às mães e donas de casa pelas autoridades benevolentes e intrusas, quanto menos se falar, melhor.

Tínhamos sorte de morar num apartamento alugado em cima do salão em que meus pais trabalhavam, mas muitos dos meus amigos viviam em moradias temporárias ou precárias. Todos os governos britânicos, de 1945 até meados dos anos 1960, lançaram projetos habitacionais públicos em larga escala: nenhum deu certo. No início dos anos 1950, milhares de londrinos ainda viviam nas "prefabs": trailers urbanos para os sem-teto, esquemas supostamente temporários que não raro duravam vários anos.

As políticas habitacionais do pós-guerra eram minimalistas: casas de três dormitórios precisavam ter no mínimo 84 metros quadrados de área útil — tamanho aproximado de um apartamento espaçoso de um dormitório na Manhattan contemporânea. Em retrospecto, as unidades habitacionais não eram só apertadas, eram frias e escassamente mobiliadas. Na época, havia listas de espera enormes: possuídas e administradas por autoridades locais, essas casas eram intensamente cobiçadas.

O ar na capital assemelhava-se ao de um dia ruim em Pequim; o carvão era o combustível de escolha — barato, abundante, produzido no país. O *smog* era um perigo perene: eu me lembro de me debruçar para fora da janela do carro, a cabeça envolta por uma névoa densa e amarela, e orientar meu pai quanto a distância do acostamento. Literalmente, não víamos um palmo diante do nariz, e o cheiro incomodava. Mas todos "superavam juntos as dificuldades": Dunquerque e a Blitz eram invocados livremente sem um toque de ironia, para ilustrar a noção nacional de coragem e

AUSTERIDADE

a capacidade londrina de enfrentar o que viesse pela frente — primeiro, Hitler, e agora, isso.

Cresci tão familiarizado com a Primeira Guerra Mundial quanto com a que acabara de terminar. Veteranos, monumentos e memoriais abundavam; todavia, o patriotismo ostensivo da atual belicosidade americana estava completamente ausente. A guerra também era austera: eu tinha dois tios que lutaram com o Oitavo Exército de Montgomery da África até a Itália, e não havia nada de nostálgico ou triunfalista em seus relatos de privações, erros e incompetência. Evocações arrogantes ao império de teatro de revista...

We don't want to fight them, but by Jingo if we do,
We've got the ships, we've got the men,
*We've got the money too!**

deram lugar ao lamento radiofônico de Vera Lynn, durante a guerra: *Nos veremos de novo, não sei onde, não sei quando.* Apesar do brilho da vitória, as coisas jamais seriam as mesmas.

Reiteradas referências ao passado recente estabeleceram uma ponte entre a geração dos meus pais e a minha. O mundo de 1930 continuava conosco: *O Caminho para Wigan Pier,* de George Orwell, *Angel Pavement,* (O caminho do anjo) de J. B. Priestley e *The Grim Smile of the Five*

---

* Não queremos lutar contra eles, mas se for preciso, por Jingo, / Temos os navios, temos os homens, / Temos o dinheiro também! (N. do T.)

36

Towns (O sorriso triste das cinco cidades), de Arnold Bennett, descreviam uma Inglaterra ainda bem presente. Para onde quer que se olhasse, havia alusões nostálgicas à glória imperial — a Índia havia sido "perdida" poucos meses antes do meu nascimento. Latas de biscoito, porta-lápis, livros escolares e noticiário cinematográfico ressaltavam quem éramos e o que havíamos conquistado. "Nós" não era apenas uma convenção gramatical: quando Humphrey Jennings produziu um documentário comemorativo do Festival da Grã-Bretanha de 1951, ele o chamou de *Retrato de Família*. A família passou por maus bocados, mas juntos enfrentávamos as dificuldades.

Era essa "união" que tornava suportável a escassez característica e os tons cinzentos da Grã-Bretanha do pós--guerra. Claro, não éramos *realmente* uma família: se fôssemos — como Orwell ressaltou certa vez —, os membros errados continuavam mandando. Mesmo assim, desde a guerra os ricos mantiveram um perfil prudente, discreto. Naqueles anos davam raras demonstrações de consumo desenfreado. Todos pareciam iguais e usavam os mesmos tecidos: lá, flanela e veludo. As pessoas preferiam cores discretas: marrom, bege, cinza — e levavam vidas bem parecidas. Estudantes como eu aceitavam de bom grado os uniformes, ainda mais porque nossos pais também seguiam um código de vestuário invariável. Em abril de 1947, o eterno rabugento Cyril Connolly falava de nossas "roupas sombrias, cadernetas de racionamento e livrinhos policiais [...] Londres é hoje a maior, a mais triste e a mais suja das metrópoles".

A Grã-Bretanha acabaria por superar a penúria do pós--guerra — embora sem a pretensão e a autoconfiança dos vizinhos europeus. Para aqueles cuja memória alcança só o final dos anos 1950, "austeridade" não passa de uma abstração. Racionamentos e restrições haviam terminado, não faltavam habitações: a desolação característica do pós-guerra britânico passara. Até o smog diminuía, agora o carvão tinha sido substituído por eletricidade e petróleo barato.

Curiosamente, o cinema escapista britânico dos primeiros anos do pós-guerra — *A Canção da Primavera* (1948), ou *O Homem dos meus Amores* (1949), com Michael Wilding e Anna Neagle — deu lugar a dramas domésticos pesados, com protagonistas da classe trabalhadora, como Albert Finney e Alan Bates, em cenários industriais deprimentes: *Tudo Começou no Sábado* e *Ainda Resta uma Esperança*. Esses filmes, porém, se passavam no Norte, onde a austeridade durou mais. Assistir a eles em Londres equivalia a ver a infância passada pelo túnel do tempo: no Sul, em 1957, o primeiro-ministro conservador, Harold Macmillan, garantia aos cidadãos que eles "nunca antes tiveram tanto". E estava certo.

Duvido que eu tenha compreendido completamente o impacto dos primeiros anos da infância até bem recentemente. Olhando para o passado, da perspectiva privilegiada do presente, vemos com mais clareza as virtudes da época das vacas magras. Ninguém deseja seu retorno. Mas a austeridade não se restringia à questão econômica: aspirava a ser uma ética pública. Clement Attlee, primeiro-ministro trabalhista de 1945 a 1951, surgira — como Harry Truman — da sombra de um líder carismático da época da guerra e personificava as reduzidas expectativas do período.

Churchill o descreveu, ironicamente, como um homem modesto "que tem muitos motivos para ser modesto". Mas foi Attlee quem conduziu a maior reforma da história britânica moderna — comparável às conquistas de Lyndon Johnson, duas décadas depois, embora para Attlee as circunstâncias fossem bem menos auspiciosas. A exemplo de Truman, ele viveu e morreu com parcimônia — colhendo ganhos materiais escassos numa vida inteira de serviço público. Attlee era um típico representante da grande era dos reformistas eduardianos de classe média: moralmente sério e levemente austero. Quem, entre os líderes atuais, poderia alegar o mesmo — ou mesmo entender isso?

A seriedade moral na vida pública é como a pornografia: difícil de definir, fácil de identificar quando se vê. Representa uma coerência entre intenção e ação, uma ética de responsabilidade política. Toda política é a arte do possível. Contudo, até a arte tem sua ética. Se os políticos fossem pintores, Roosevelt seria Ticiano, e Churchill, Rubens. Attlee seria o Vermeer da profissão: preciso, contido — e desvalorizado por muito tempo. Bill Clinton aspiraria à grandeza de um Salvador Dalí (e se considera elogiado pela comparação), e Tony Blair teria a estatura — e a cobiça — de um Damien Hirst.

Nas artes, a seriedade moral se manifesta na frugalidade da forma e na contenção estética: o universo de *O Ladrão de Bicicletas*. Apresentei recentemente meu filho de 12 anos ao clássico *Os Incompreendidos*, de François Truffaut. Para uma geração criada à base de uma dieta de cinema contemporâneo com "mensagem", de *O Dia Depois de Amanhã* a *Avatar*, o efeito foi estonteante: "É livre. Ele faz tanto com tão pouco." Com certeza. A riqueza de recursos destinada

AUSTERIDADE

ao entretenimento serve só para disfarçar a pobreza do produto; da mesma forma, na política, palavrório interminável e retórica grandiloquente mascaram um vazio entediante.

O oposto da austeridade não é a prosperidade, mas *luxe et volupté*. Substituímos o comércio desenfreado pelo benefício público, e não esperamos de nossos líderes aspirações mais altas. Sessenta anos depois de Churchill só poder acenar com "sangue, empenho, suor e lágrimas", nosso próprio presidente guerreiro — não obstante o moralismo exacerbado de sua retórica — não conseguiu pensar em nada para nos pedir, depois do 11 de Setembro de 2001, além de que continuássemos consumindo. Esta visão empobrecida de comunidade — união em torno do consumo — é o máximo que recebemos dos governantes. Se queremos um governo melhor, precisamos aprender a exigir mais dele e pedir menos para nós. Um pouco de austeridade viria a calhar.

I V

Comida

Só porque crescemos à base de comida ruim, não quer dizer que não temos nostalgia. Minha juventude gastronômica se baseou firmemente no que havia de menos atraente na cozinha tradicional inglesa, mitigada pelas alusões ao cosmopolitismo continental ocasionalmente introduzido pelas longínquas lembranças de juventude de meu pai, passada na Bélgica, e pontilhada por um lembrete semanal de uma tradição bem diversa: jantares de sabá na casa de meus avós judeus do Leste Europeu. A curiosa mistura pouco ajudou a aguçar minhas papilas gustativas — só quando fui morar na França, estudante universitário, encontrei boa comida cotidiana — mas contribuiu bastante para a confusão de minha identidade juvenil.

Minha mãe nasceu na parte menos judaica do East End londrino tradicional: na esquina da Burdett Road com a Commercial Road, a poucas quadras ao norte das docas de Londres. Este infortúnio topográfico — ela sempre se

COMIDA

sentiu meio deslocada na área, à qual faltavam as características judaicas que predominavam em Stepney Green, a poucas centenas de metros na direção norte — desempenhou um papel importante em vários aspectos curiosos de sua personalidade. Ao contrário de meu pai, por exemplo, minha mãe sentia imenso respeito pelo rei e pela rainha; precisava conter a tentação de se levantar quando a rainha discursava na televisão. Era discreta sobre ser judia ao ponto do constrangimento, em contraste com a atitude ostensivamente estrangeira e iídiche do resto da família. E como uma homenagem invertida à indiferença da própria mãe pelas tradições judaicas, com exceção das prescritas pelos ritos anuais (e o ambiente decididamente cockney das ruas onde cresceu), ela praticamente desconhecia a cozinha judaica.

Como resultado, fui criado com comida inglesa. Nada de *fish & chips* e outras iguarias da culinária britânica caseira. Minha mãe desprezava esses pratos pouco saudáveis; pode ter crescido rodeada de não judeus, mas exatamente por isso a família vivia recatadamente, pouco conhecia os hábitos domésticos dos vizinhos, para quem olhava com desconfiança e medo. De todo modo, ela não fazia a menor ideia de como preparar essas "iguarias" inglesas. Seus encontros ocasionais com vegetarianos e veganos, graças aos amigos do meu pai do Partido Socialista da Grã-Bretanha, lhe ensinaram as virtudes do pão preto, do arroz integral, da vagem e de outros alimentos "saudáveis" da dieta esquerdista eduardiana. Mas ela não sabia preparar arroz integral nem "chop suey". Portanto, agia como todas as donas de casa inglesas naquele tempo: cozinhava tudo até desmilinguir.

Foi assim que passei a associar a comida inglesa com a absoluta ausência de sabor, e não com a eventual falta de sutileza. Preferíamos pão integral Hovis, que sempre me pareceu mais sem graça ainda, apesar de nutritivo, do que a torrada de pão branco borrachenta servida no chá na casa dos meus amigos. Almoçávamos carne ensopada, vegetais cozidos, e raramente versões fritas dos mesmos ingredientes (para ser franco, minha mãe sabia fritar peixe com certo estilo — mas eu nunca soube se era uma qualidade judaica ou inglesa). Queijo, quando havia, costumava ser holandês, por razões que jamais entendi. O chá não faltava nunca. Meus pais desaprovavam refrigerantes — outra herança infeliz de suas inclinações políticas —; por isso, bebíamos refrescos com sabor de fruta, sem gás, ou, mais tarde, Nescafé. Graças a meu pai, camembert, salada, café de verdade e outras iguarias ocasionalmente surgiam na mesa. Minha mãe, porém, via essas variações com a mesma desconfiança reservada aos importados do continente, fossem gastronômicos ou humanos.

Desse jeito, o contraste com a comida que minha avó paterna preparava para nós todas as sextas-feiras à noite, em sua casa no norte de Londres, não poderia ser mais gritante. Meu avô era judeu polonês, minha avó nasceu num vilarejo lituano. Seu paladar privilegiava a culinária judaica do nordeste da Europa. Só décadas depois fui conhecer a variedade e a textura da culinária judaica da parte sul da Europa Central (em particular da Hungria). E não tinha a menor familiaridade com a gastronomia mediterrânea de tradição sefardita. Minha avó, que chegara

COMIDA

a Londres, vinda de Pilvistok, via Antuérpia, nada sabia a respeito de saladas e nunca conhecera um vegetal verde que não pudesse torturar até a morte numa panela. Mas no caso dos molhos, frango, peixe, carne de vaca, tubérculos e frutas, ela era — para meu paladar subdesenvolvido — uma feiticeira.

A principal característica do jantar de uma sexta-feira à noite era o repetido contraste entre macio e crocante, doce e temperado. Batata, rutabaga e nabo eram sempre marrons e macios, e pareciam ter sido embebidos no açúcar. Pepino, cebola e outros vegetais pequenos e inofensivos vinham crocantes e em conserva. A carne caía do garfo, depois de ter há muito tempo abandonado o osso. Muito escura e macia. Peixe — recheado, cozido, marinado no vinagre, frito ou defumado — era onipresente, e a casa parecia cheirar sempre a criaturas marinhas em conserva ou temperos fortes. Interessante, talvez revelador, é que eu não guardei recordações da textura do peixe ou de seu tipo (provavelmente, carpa). Prestávamos mais atenção ao que estava em volta dele.

Depois do peixe e dos vegetais vinha a sobremesa. Ou, para ser mais exato, a "compota". Frutas de todos os tipos, cozidas ou espremidas, eminente entre elas as ameixas e peras, que compareciam sem falta à mesa, após o prato principal. Por vezes vinham comprimidas dentro de uma massa grossa, do tipo tradicionalmente usado no preparo dos *hamantaschen** comemorativos, na festa de Purim.

---

* *Hamantasch* é uma torta doce triangular característica da cozinha judaica asquenaze, servida na festa de Purim, celebração da vitória sobre o rei persa Hamã, que planejava eliminar os judeus na Pérsia antiga. O relato consta do Livro de Ester, e o formato seria uma referência às orelhas ou ao chapéu do rei, conforme a interpretação. (N. do T.)

Em geral, porém, as compotas vinham sozinhas. As bebidas consistiam num vinho doce horroroso para os adultos e chá de limão para todos. Ao lado do pão preto massudo, do pão trançado chalá, da sopa com bolas de pão ázimo, o matzá, e de bolinhos de todas as formas e variedades (mas com textura única — macia), esta refeição seria reconhecida por qualquer pessoa nascida entre a Alemanha e a Rússia, entre a Letônia e a Romênia, no decorrer do último meio milênio. Para mim, transportado semanalmente de Putney para Pilvistok, significava Família, Convívio, Sabor e Raízes. Nunca tentei sequer explicar a meus colegas de escola ingleses o que serviam nas noites de sexta-feira, ou o que a refeição representava para mim. Acho que nem eu sabia, e que eles jamais teriam entendido.

Conforme eu ia crescendo, descobria outros meios de acrescentar sabor ao regime doméstico insosso e inevitável. Na Inglaterra daquela época havia apenas três caminhos para pratos interessantes, se seus avós não vinham de países exóticos. Havia comida italiana, ainda confinada ao Soho e às cantinas boêmias dos aspirantes à ascensão social. Fora do alcance, portanto, do meu orçamento de estudante adolescente. Comida chinesa, não muito interessante nem amplamente disponível naquele tempo, além de comercialmente adaptada ao paladar britânico. Os únicos restaurantes chineses sérios de Londres, antes de meados dos anos 1960, situavam-se no East End, sendo frequentados por marinheiros chineses e um punhado de imigrantes asiáticos. Os cardápios nem sempre incluíam tradução, e os ingleses desconheciam a composição dos pratos.

COMIDA

A rota de fuga real conduzia aos indianos. Duvido que meus pais tenham algum dia pisado num restaurante indiano — minha mãe vivia sob a curiosa ilusão de que a comida chinesa (sobre a qual nada sabia) era mais "limpa". Desconfiava da culinária indiana, com pratos suspeitos camuflados pelo sabor, provavelmente preparados no chão mesmo. Nunca compartilhei do preconceito e passei a maior parte dos meus anos de estudante e de recursos modestos nos restaurantes indianos de Londres e Cambridge. Na época eu achava tudo delicioso, mas em retrospecto creio que eu a associei, de forma inconsciente, à mesa da casa dos meus avós.

A cozinha indiana também se fazia à base de proteínas bem cozidas nadando em molhos picantes. O pão era macio, os temperos intensos, os vegetais adocicados. Como sobremesa havia sorvetes de frutas ou compotas de frutas exóticas. O melhor acompanhamento era cerveja, uma bebida que raramente entrava em nossa casa. Meu pai detestava o sabor, e tenho certeza de que lá no fundo ele alimentava certo preconceito contra ingleses étnicos, frequentadores de pubs, apreciadores de cerveja. Considerava-se europeu o bastante para tomar vinhos decentes, mas no geral endossava a antiga desaprovação judaica ao consumo excessivo de álcool.

A comida indiana me tornava mais inglês. Como a maioria dos ingleses da minha geração, penso em comida indiana para viagem ou pedida por telefone como uma comida nativa, importada séculos atrás. Sou britânico o suficiente para considerar a comida indiana em particular um aspecto da Inglaterra do qual sinto falta aqui nos Estados Unidos, onde os pratos chineses são a comida étnica de preferência local. Contudo, ser inglês também faz com que eu sinta falta da cozinha judaica do Leste Europeu, em sua versão britânica, ligeiramente adaptada (mais tempo de cozimento e menos condimentada do que a cozinha judaica praticada nos Estados Unidos). Consigo até sentir nostalgia por *fish & chips*, mas no fundo isso não passa de um exercício de tradição gastronômica autoproduzida. Quase nunca comia *fish & chips* quando criança. Se eu fosse sair Em Busca do Gosto Perdido, começaria por carne ensopada, nabo assado, passaria por *tikka masala* de frango e picles em pão chalá, cerveja Kingfisher e chá de limão doce. E a madeleine capaz de despertar as lembranças? Pão indiano *naan* embebido na sopa com bolas de matzá, servido em iídiche por um garçom de Madras. Somos o que comemos. E eu sou bem inglês.

V

Carros

Segundo minha mãe, meu pai era "obcecado" por automóveis. Em sua opinião, a fragilidade perene de nossa economia doméstica se devia à propensão do marido para enterrar todo dinheiro que sobrava nos carros. Não sei dizer se tinha razão — mas é claro que ela, se pudesse decidir a questão, restringiria a família a um carro pequeno por década, no máximo — mas até aos olhos solidários do filho admirador, meu pai parecia mesmo ligado em seus automóveis. Principalmente nos Citroëns, companhia francesa cujos produtos diferenciados enfeitaram a frente da casa durante minha infância e adolescência. Havia a compra por impulso de um veículo inglês e o arrependimento posterior — um Austin A40 conversível, um AC Ace esportivo — e um relacionamento mais duradouro com um DB Panhard, que comentarei adiante. De todo modo, ano sim, outro também, Joe Judt dirigia, falava sobre e consertava Citroëns.

O CHALÉ DA MEMÓRIA

A paixão de meu pai pelos motores de combustão interna combinava perfeitamente com o espírito da sua geração. A "cultura automobilística" chegou à Europa Ocidental nos anos 1950, bem a tempo de meu pai participar. Os homens nascidos antes da Primeira Guerra Mundial já haviam passado da meia-idade quando os carros se tornaram acessíveis para a maioria dos europeus: nos anos 1930 e 40 as opções se reduziam a veículos pouco espaçosos, famosos pelo desconforto e mecânica problemática. Só puderam sonhar com máquinas melhores depois da maturidade. Minha geração, em comparação, cresceu no meio dos carros e não via nada de especialmente romântico ou atraente neles. Mas, para os homens — e, suponho, algumas mulheres — nascidos entre as guerras, o automóvel simbolizava a nova liberdade e prosperidade. Podiam comprar um, e havia muitos disponíveis. A gasolina era barata e as ruas ainda atraentemente vazias.

Nunca entendi direito por que ele precisava ter um Citroën. A posição ideológica de meu pai a respeito era que os Citroëns se destacavam como os carros mais avançados em termos de tecnologia: em 1936, quando a empresa lançou seu primeiro Traction Avant, com tração dianteira e suspensão independente, isso sem dúvida valia — e o pioneirismo se repetiu em 1956, com a revelação do aerodinâmico e sensual DS19. Carros indiscutivelmente mais confortáveis do que a maioria dos sedãs para a família, e provavelmente mais seguros. Se eram também mais confiáveis não sei: nos tempos anteriores à revolução japonesa dos automóveis nenhum automóvel comum podia ser considerado confiável, e passei inúmeras noites tediosas passando ferramentas a meu pai, enquanto ele lidava com algum defeito no motor até tarde da noite.

CARROS

Em retrospecto, me pergunto se a insistência de meu pai em comprar Citroëns — adquiriu pelo menos oito, durante minha infância — não teria algo a ver com sua vida anterior. Afinal de contas, ele era imigrante — nasceu na Bélgica e foi criado lá e na Irlanda; só mudou para a Inglaterra em 1935. Aprendeu a falar um inglês impecável com o tempo, mas no fundo continuou sendo um europeu continental: seu gosto por café, queijo, salada e vinho destoava da típica indiferença inglesa de minha mãe por comida e bebida, exceto como fontes de nutrição. Assim como meu pai odiava Nescafé e preferia camembert, ele desprezava os Morrises, Austins, Standard Vanguards e outros produtos ingleses genéricos, procurando instintivamente uma opção continental.

Quanto ao motivos de nos termos transformado numa "família Citroën", quando Volkswagens, Peugeots, Renaults, Fiats e outros estavam também disponíveis, e eram mais baratos, gosto de imaginar que algum impulso étnico subliminar prevalecia. Carros alemães estavam fora de cogitação, claro. A reputação dos italianos (pelo menos dos automóveis que podíamos comprar) chegara ao fundo do poço: italianos, pensava-se, podiam projetar qualquer coisa — só não sabiam como construí-la. A Renault caiu em desgraça por causa da ativa colaboração de seu fundador com os nazistas (como consequência, a empresa foi estatizada). Peugeot seria respeitável, mas a marca se destacava na época pelas bicicletas; os carros, de todo modo, pareciam tanques de guerra e lhes faltava charme (o mesmo argumento usado contra os Volvos). E, talvez tenha levado em consideração, embora nunca tenha declarado, que o fundador epônimo da dinastia Citroën tinha sido um judeu.

50

Havia algo levemente constrangedor nos nossos carros. Davam a impressão de que a família era "estrangeira", agressivamente exótica numa era de austeridade e provincianismo — fazendo com que minha mãe em particular se sentisse constrangida. Claro, eram (relativamente) caros, um caso de ostentação. Eu me recordo de certa vez quando atravessamos Londres para visitar meus avós maternos, que residiam numa casa geminada malcuidada numa travessa, em Bow. Os carros naquela parte de Londres ainda rareavam, e no geral só víamos os pequenos Ford Populars e Morris Minors, testemunhos dos recursos escassos e gosto convencional de seus proprietários. E lá chegamos nós, a bordo de um reluzente Citroën branco DS19, como aristocratas a inspecionar casas alugadas aos pobres. Não sei como minha mãe se sentiu — nunca perguntei. Meu pai adorou a atenção invejosa que seu carro novo provocou. Eu queria sumir no bueiro mais próximo.

Durante uns poucos anos em torno de 1960, a obsessão automobilística de meu pai o levou às corridas amadoras. Todos os domingos nós dois viajávamos para o norte, até Norfolk, ou para East Midlands, onde entusiastas como ele organizavam o programa de corridas. O veículo de meu pai era um Panhard DB envenenado, um carro pequeno e elegante que roncava de modo sedutor e competia com razoável equilíbrio contra Triumph Spitfires e MGBs da época. Alguns amigos da família serviam de "mecânicos" (remunerados? Eu nunca soube.), enquanto a mim cabia a curiosamente importante missão de calibrar os pneus antes da corrida. Tudo muito divertido, a seu modo, apesar dos momentos tediosos (homens adultos discutindo carburadores por várias horas), e da viagem de ida e volta chegar a durar seis horas.

Bem mais atraentes eram as férias no continente, que tirávamos com frequência. Diziam que elas serviam, principalmente, para dar a meu pai a desculpa para longas jornadas ao volante. Nos anos anteriores às *autoroutes*, uma viagem à Europa continental era uma aventura: tudo demorava muito, o carro sempre quebrava. Sentado do lado "errado" do banco da frente, eu desfrutava uma visão de motorista das gloriosas *routes nacionales* francesas. Além disso, eu era o primeiro a ser abordado pela polícia nessas estradas, quando nos paravam por excesso de velocidade ou, numa ocasião memorável, tarde da noite nas imediações de Paris, quando nos detiveram em um "bloqueio" militar, durante a crise da OEA.

Em geral, viajávamos como uma família. Minha mãe não dava a mínima se passaria as férias em Brighton ou Biarritz, e se queixava das longas viagens, tediosas e cansativas. Mas naquele tempo as famílias faziam as coisas junto, e parte do motivo para ter um carro era a possibilidade de "viajar". Para mim, pelo menos (e, neste aspecto talvez eu seja como meu pai), o objetivo do esforço era a própria viagem — os lugares que costumávamos frequentar, principalmente nos "passeios" de domingo, eram convencionais e de escasso interesse. Mesmo do outro lado do canal da Mancha, a melhor parte das férias de inverno ou verão estava na aventura de chegar: pneus furados, estradas cobertas de gelo, ultrapassagens perigosas nas curvas das estradinhas interioranas sinuosas, as pousadas exóticas às quais chegávamos tarde da noite, depois de horas de intensas discussões domésticas a respeito de quando e onde parar. Meu pai se sentia em casa no carro, mais do que em qualquer outro lugar, mas minha mãe, nem tanto. Considerando o tempo gasto na estrada, chega a surpreender que o casamento deles tenha durado tanto tempo.

Em retrospecto, hoje talvez eu seja mais compreensivo em relação à autoindulgência de meu pai do que na época, por causa do prazer que sentia em nossas viagens familiares. Eu o vejo como um homem frustrado: preso a um casamento infeliz e a um emprego maçante, que provavelmente era humilhante para ele. O automobilismo — carros de corrida, conversar sobre carros, carros para consertar e carros que o levavam à Europa — era sua comunidade. Não dava muita atenção a pubs ou bebidas, não tinha colegas de serviço. Transformou o Citroën em seu companheiro de todas as horas e em seu cartão de visita — o que culminou com sua eleição para presidente do Citroën Car Club da Grã-Bretanha. O que os outros homens buscavam e encontravam no álcool e nas amantes, meu pai sublimava com seu caso de amor por uma empresa automobilística — o que sem dúvida explicava a hostilidade instintiva de minha mãe pela coisa toda.

Ao completar 17 anos aprendi a dirigir e logo adquiri o primeiro de muitos carros: inevitavelmente Citroën, um pequeno e barato 2CV. Embora gostasse da experiência e de transportar diversas namoradas e esposas em passeios por boa parte da Europa e dos Estados Unidos, dirigir nunca representou para mim o mesmo que para meu pai. Eu não via a menor graça em oficinas geladas do interior, e me faltava conhecimento técnico, por isso logo troquei os Citroëns por marcas mais confiáveis, embora menos exóticas: Hondas, Peugeots e, por fim, um Saab. É claro que também me entreguei a impulsos movidos a testosterona: um MG vermelho conversível assinalou meu primeiro divórcio, e guardo boas lembranças do Ford Mustang com que percorria a Route 1, via costeira da Califórnia. Todavia, eram apenas carros, jamais uma "cultura".

Esta também me parece ter sido uma reação geracional convencional. Nós, da turma do baby-boom, crescemos no meio dos carros, com pais que os adoravam e os priorizavam. As vias por onde transitávamos eram mais cheias, menos "abertas" do que no período entre as guerras e nas primeiras décadas do pós-guerra. Não achava que dirigir um carro fosse aventura e não via nada de muito interessante a descobrir neles, exceto para quem ia bem além dos objetivos convencionais. As cidades em que morávamos começavam a hostilizar os mesmos carros que receberam de braços abertos e olhos míopes, poucos anos antes: em Nova York e Paris, em Londres e muitas outras cidades, não fazia muito sentido possuir um veículo particular. O carro, no auge de sua hegemonia, simbolizava o individualismo, a liberdade, a privacidade, a separação e o egoísmo em seus aspectos mais socialmente disfuncionais. Entretanto, a exemplo de muitas disfunções, era insidiosamente sedutor. Ao estilo Ozymandias, hoje nos convida a contemplar nossa obra e se desesperar. De todo modo, naquele tempo era bem divertido.

VI

Putney

Lar, dizem, é onde mora o coração. Não tenho tanta certeza. Passei por um monte de residências e não considero que uma específica tenha capturado com firmeza o meu coração. O que se quer dizer, claro, é que seu lar fica onde você escolheu situá-lo. Neste caso, suponho que eu seja um sem-teto: faz décadas que deixei meu coração em algum lugar de uma montanha suíça, onde o resto de mim por estupidez não ficou. Mesmo assim, entre minhas raízes arrancadas uma se projeta um pouco acima da pilha e pode ser chamada de terra natal. De 1952 a 1958 minha família morou em Putney, um bairro no sudoeste de Londres que eu recordo com afeição.

Na época eu não sabia, mas Putney era um bom lugar para crescermos. A 100 metros de nosso apartamento, no sentido norte, situava-se a igreja de St. Mary, uma paróquia simples, antiga, famosa pelos debates ali realizados em outubro de 1647, no auge da Guerra Civil inglesa. Ali o coronel Thomas Rainsborough alertou seus interlocutores de que *"o sujeito mais pobre que se encontra na Inglaterra tem uma vida para levar, assim como o maioral [...] todo homem que deve viver sob um governo precisa, por seu próprio consentimento, colocar-se sob a autoridade deste governo [...]"*. Exatamente três séculos depois, o governo trabalhista de Clement Attlee iniciaria o Estado de bem-estar social que garantiria aos mais pobres uma vida digna e um governo a seu serviço. Attlee nasceu em Putney e morreu a poucos quilômetros dali; apesar de uma longa e bem-sucedida carreira política, manteve a modéstia nos modos e nos recursos — em gritante contraste com seus sucessores ambiciosos e carreiristas. Ele foi um representante exemplar da grande era dos reformadores eduardianos de classe média — moralmente sério, financeiramente austero.

A seu modo, havia algo de austero em Putney. A comunidade antiga — mencionada por causa da balsa que atravessava o Tâmisa (a ponte só viria em 1642) no Domesday, levantamento realizado em 1086 — tornou-se relativamente importante tanto pela proximidade do rio quanto pela antiga estrada de Portsmouth, que se tornaria a movimentada High Street de Putney. A confluência de estrada e rio também explica a passagem por ali de uma das primeiras linhas do metrô, no sentido norte-sul, de Earl's Court a Wimbledon, além de um ramal da London and Southwestern Railway (depois Southern Railway), de Windsor a Waterloo, cuja estação situava-se no estratégico final da High Street. Havia também uma incomum afluência de ônibus: o 14, o 30 e o 74, que iam da região de Putney até o nordeste de Londres; o 22 e o 96, que saíam de Putney Common e atravessavam a City antes de chegarem, respectivamente, a

O CHALÉ DA MEMÓRIA

Homerton e à estação de Redbridge, nos lugares mais longínquos de Essex (a mais longa linha londrina de ônibus na época); e os ônibus 85 e 93, que seguiam para o sul, saindo da estação de metrô de Putney Bridge para ir até Kingston e Morden, respectivamente. E, claro, o intermunicipal 718 da Green Line, que passava por Putney na longa jornada entre Windsor e Harlow.

As oito linhas de ônibus urbanos e interurbanos, além dos dois elétricos (com cabos suspensos, estupidamente eliminados em 1959) e das estações de metrô e ferrovias suburbanas, convergiam para a High Street e imediações, tornando a avenida muito movimentada naquele tempo. Eu podia apreciar tudo isso empoleirado em posição privilegiada, embora sempre barulhenta: nosso apartamento situava-se no número 92 da Putney High Street. Como pegava o ônibus 14 para ir à escola (minhas aventuras intermunicipais pela Green Line só começaram depois da mudança para a região arborizada de Kingston Hill), eu via todos esses ônibus e trens de perto, todos os dias. Havia menos carros, mas só relativamente: Londres naqueles anos possuía a maior quantidade de proprietários e usuários de automóveis do mundo, com exceção da área continental dos Estados Unidos, e os engarrafamentos já faziam parte da vida em Putney.

Fora da agitada High Street estendia-se uma outra Putney, mais sossegada: o estabelecido subúrbio de mansões de apartamentos do século XIX, formado por prédios baixos de apartamentos, casas geminadas vitorianas e mansões eduardianas de tijolo e pedra, tipicamente "meio-geminadas", mas geralmente bem espaçosas. Conjunto após conjunto, rua após rua, quadra após quadra, essas construções

57

elegantes se espalhavam, extraordinariamente homogêneas em fachadas e complementos. Mais atraentes do que os intermináveis subúrbios suburbanos do entreguerras, menos exibicionista da prosperidade que as avenidas luxuriantes e arborizadas do noroeste de Londres, Putney era um bairro reconfortante e inconfundível da classe média. Com certeza havia enclaves de classe média alta, previsivelmente localizados perto do antigo bosque de Putney, nas encostas do morro que levava até ele; não faltavam ruas populares, como a Lower Richmond Road, na beira do rio, onde o aspirante a poeta Laurie Lee encontrou um lugar barato para morar e conseguiu o primeiro emprego, ao chegar a Londres, vindo dos cafundós de Gloucestershire. Mas, em sua maior parte, Putney situava-se no meio, confortável e protetora.

Nosso apartamento era frio e tedioso, três pisos acima do salão de beleza onde meus pais trabalhavam. Mas exibia uma característica original, dar fundos para Jones Mews, uma das últimas vielas para cavalos onde residentes e mercadores da cidade mantinham seus animais. Nos tempos modernos o beco ainda cumpria a sua função tradicional: duas das seis cocheiras da viela que passava nos fundos da nossa casa ainda abrigavam animais de tração. Um deles — uma vergonha de cavalo magro, maltratado — trabalhava para um catador que o puxava para fora do estábulo todas as manhãs, o instalava distraidamente na carroça e saía para recolher sua carga que, no final do dia, costumava ser substancial. O outro cavalo vivia melhor, pertencia a uma florista corada e tagarela que tinha banca no parque. As cocheiras restantes haviam sido convertidas em oficinas para artesãos locais: eletricistas, mecânicos e paus para toda a obra. Como o leiteiro, o açougueiro, a florista e o catador, eles eram todos moradores locais, filhos e netos de residentes. Da perspectiva de Jones Mews, Putney continuava sendo um vilarejo.

Até mesmo a High Street guardava sinais do passado autônomo. Havia, claro, "lojas de departamentos": Woolworth, Marks & Spencer, The British Home Stores etc. Mas eram lojas de pequeno porte, e estabelecimentos de moradores locais as superavam em número e gênero, como armarinhos, tabacarias, livrarias, mercearias, lojas de sapatos e de roupas femininas, perfumarias e muito mais. Até as unidades das "redes" pareciam locais: o Sainsburys parecia um mercadinho, com uma vitrine só, na qual ainda se jogava serragem para secar o chão. As atendentes educadas, ligeiramente arrogantes, que usavam aventais em branco e azul, em nada se pareciam com os orgulhosos empregados na fotografia da parede dos fundos, mostrando o dia da inauguração da loja, muitas décadas antes. A mercearia "Home and Colonial", adiante na High Street, distinguia cuidadosamente as mercadorias estrangeiras e nacionais: "carneiro da Nova Zelândia", "carne bovina inglesa" e assim por diante.

De todo modo, a High Street era território de minha mãe. *Eu* fazia compras na Lacy Road, na qual havia uma loja de bebidas alcoólicas para onde me mandavam para comprar vinho e sidra; uma pequena alfaiataria e duas "lojas de doces". Uma delas, genérica e moderna, ao menos para os padrões dos anos 1950, comercializava balas de goma, barras de chocolate embrulhadas e chiclete Wrigley's. A outra, porém — mais escura, mais suja, mais abafada e deprimente —, era muito mais interessante. Era administrada (e, presumo, devia ser a proprietária) por uma velha encarquilhada e mesquinha que apanhava um dos potes de vidro enormes enfileirados para ressentidamente pesar um quarto de libra de Gobstopper ou alcaçuz enquanto resmungava, reclamando da impaciência e dos trajes inadequados dos consumidores: "Eu atendo moleques sujos como você desde o jubileu da antiga rainha, portanto, não tente me enganar!" Ela se referia à rainha Vitória, claro, cujo jubileu fora comemorado em Putney, em junho de 1887...

Restava algo de vitoriano, ou talvez eduardiano seja mais preciso, no espírito daquelas ruas transversais. Degraus de pedra maciça conduziam a salas de janelas pesadas, nas quais imaginávamos solteironas de óculos dando aulas de piano para complementar a parca aposentadoria — e não era preciso imaginar isso, uma vez que tive aulas do instrumento com duas senhoras assim, ambas vivendo no que eu já reconhecia como pobreza requintada. Famílias de alguns colegas meus de escola ocupavam um ou dois andares das mansões imponentes situadas na Dover House Road ou no alto de Putney Hill, a impressão de solidez e permanência transmitida por aqueles prédios chegava a me impressionar, mesmo em sua condição moderna, subdivididos.

Putney também tinha suas pontas soltas. Depois de ultrapassada a faixa próxima à ponte, esparsamente ocupada pelo comércio, local de largada da corrida anual de barcos Oxford-Cambridge, a margem do rio permanecia quase intocada, semirrural. Havia abrigos para barcos, casas flutuantes, um ou outro rebocador, botes abandonados apodrecendo lentamente na lama: provas vivas das atividades anteriores do rio. Em Putney o Tâmisa ainda tinha marés: em certos momentos uma corrente estreita bifurcando em imensas praias de lama, em outros, dando a impressão de que ia transbordar pelas margens cheias de mato, desprotegidas, quando uma balsa ou um barco de passeio passava por baixo da ponte, vindo da ponte de Westminster, Teddington ou mesmo de Oxford, no rumo da grande curva que contornava Craven Cottage (campo do Fulham), na margem oposta. O rio em Putney era sujo, deselegante e funcional; eu passava muito tempo sentado à beira do rio, pensando, embora não lembre mais o quê.

Mudamos de Putney quando eu tinha 10 anos, atraídos para a verdejante região de Surrey, durante o breve flerte de meus pais com a prosperidade. A casa em Kingston Hill, onde moramos por dez anos, até o dinheiro de meus pais acabar, era maior do que o apartamento; possuía jardim e portão de entrada. Além disso — viva! — tinha dois banheiros, um alívio considerável depois da experiência no número 92, com um banheiro só, dois andares gelados abaixo do meu quarto. E não faltavam estradinhas de terra em Kingston, para as excursões de um aspirante a ciclista. Mas eu nunca esqueci Putney completamente: as lojas, os cheiros, as associações. Não havia muito verde, exceto pelas áreas de parques e reservas, preservadas do jeito que a natureza as havia feito. Era uma área completamente urbana, embora de maneira informal, generosa, tão característica de Londres: uma cidade que — ao menos até o desastroso "planejamento" urbano dos anos 1960 — sempre crescera para os *lados*, e não para *cima*. Não me sinto mais em casa lá — a High Street de hoje não tem mais nada a ver com a de antes, tornou-se uma réplica monótona de todas as ruas principais inglesas, com lanchonetes de fast-food e lojas de celulares. Mas Putney era a minha Londres, e Londres — mesmo tendo vivido lá apenas quando criança, deixando-a para sempre quando fui para Cambridge em 1966 — era a minha cidade. Não é mais. Mas a nostalgia serve muito bem como segundo lar.

VII

O ônibus da Green Line

Por alguns anos, no final da década de 1950, eu ia para a escola num ônibus verde. A Green Line, empresa pública como todas as companhias de ônibus de Londres na época, era uma divisão da London Transport que fazia as ligações de longa distância através de Londres. Em geral a linha começava numa cidade periférica, a 30 ou 40 quilômetros do centro, e terminava em outra igualmente distante, no lado oposto da cidade. O ônibus que eu pegava, o 718, ia de Windsor, a sudoeste, até Harlow, a nordeste, a meio caminho entre Londres e Cambridge.

A Green Line se destacava por vários motivos. Porque o ônibus era verde, claro, e não só por fora, como também na parte interna e no estofamento. Eram tipicamente de um andar só, contrastando com os ônibus urbanos de dois andares típicos da cidade na época, e possuíam portas elétricas automáticas que fechavam com um silvo. Isso também os distinguia dos do centro de Londres, abertos na traseira, e fazia com que os ônibus da Green Line passassem uma sensação de aconchego, proteção e calor. Como cobriam distâncias muito longas para uma linha metropolitana — a rota típica da Green Line significava uma viagem de mais de três horas, de uma ponta a outra —, os ônibus não paravam nos pontos normais, só em pontos especiais. Apesar de não andarem mais depressa que os metropolitanos normais, eram considerados linhas "expressas" e podiam cobrar um pouco mais caro pelo serviço.

A cor e o nome do serviço não eram aleatórios. Os ônibus da Green Line invocavam e ilustravam um princípio vigente havia muito tempo no planejamento urbanístico de Londres: seus terminais situavam-se estrategicamente dentro ou adiante do "cinturão verde" formado em torno da cidade nas primeiras décadas do século. O cinturão foi um exercício pioneiro de preservação ambiental, bem como de garantia de áreas públicas amplas para o lazer e a diversão. A capital britânica naquela época foi portanto cuidadosamente rodeada de áreas livres: parques de vários tipos, áreas comunitárias, florestas antigas, fazendas abandonadas e terrenos baldios, propriedades herdadas de terras reais, municipais ou paroquiais, preservadas para garantir a continuidade do interior do sudeste inglês, sob ameaça perene da irrefreável expansão do "Grande Abscesso"*.

Apesar do desenvolvimento desorganizado da área no intervalo entre as guerras e dos projetos habitacionais ainda menos atraentes dos anos 1950, a Grande Londres acabou

---

* No original, *the Great Wen*, termo cunhado por William Cobbett para descrever a cidade de Londres. Segundo ele, o rápido crescimento da cidade era patológico. (N. do T.)

sendo contida, ao menos em parte, dentro do cinturão verde; por vezes, ele tinha apenas alguns quilômetros de largura, mas isso bastava para distinguir a cidade do interior, e preservar a identidade e a originalidade das cidadezinhas e vilarejos do outro lado. Os ônibus da Green Line, portanto, espelhavam em seu nome, nas rotas e nas distâncias que cobriam as aspirações amplamente bem-sucedidas de uma geração inteira de urbanistas.

Claro que eu não sabia nada disso. Mas creio que captei instintivamente a mensagem implícita nesses ônibus e em suas rotas. Pareciam dizer: somos o espírito móvel e a encarnação de um determinado conceito de Londres. Começamos em Windsor, por exemplo, ou Stevenage, ou Gravesend, ou East Grinstead, e acabamos em Harlow, Guildford ou Watford, atravessando Londres no trajeto (a maior parte dos ônibus Green Line parava na estação Victoria, na Marble Arch ou em ambas). Enquanto os ônibus de dois andares circulavam pela região central de Londres e os passageiros subiam e desciam onde queriam, os verdes demarcavam a cidade, destacando seu tamanho e afirmando seus limites, com itinerários e pontos finais específicos.

Por vezes eu experimentava esses limites, viajando de um extremo ao outro da linha só pelo prazer de ver bosques, morros e campos emergirem nas duas pontas de minha cidade natal. A "equipe" do Green Line — todos os ônibus tinham motorista e cobrador — parecia extremamente solidária a este divertimento infantil aparentemente sem sentido. Não ganhavam muito mais do que os motoristas e cobradores dos ônibus vermelhos — nenhum dos empregados da London Passenger Transport Board se orgulhava do salário, na época. Quando comecei a utilizar seus serviços, os funcionários haviam acabado de sair de uma greve frustrada e longa. Mas o "espírito" do pessoal da Green Line era bem diferente. No caso deles, dava tempo de conversar entre si e com os passageiros. Como as portas fechavam, dentro fazia menos barulho do que em outros veículos. E grande parte dos itinerários encantava os passageiros, pois o ônibus cruzava com conforto e tranquilidade os subúrbios arborizados da Londres do pós-guerra, de modo que o próprio veículo — embora usasse o mesmo tipo de estofamento dos outros ônibus londrinos da época — de alguma forma *parecia* mais elegante e confortável. O motorista e o cobrador transmitiam um grande orgulho pelo serviço, pelo menos para mim, e trabalhavam mais descontraídos do que seus colegas de outras linhas.

O cobrador ganhava um pouco menos que o motorista especializado e normalmente (mas nem sempre) era mais jovem (dificilmente havia mulheres). Sua função óbvia era receber o valor da passagem e manter a ordem; mas como em trechos longos no interior havia poucos passageiros, sua tarefa não exigia muito esforço. Na prática, fazia companhia ao motorista. Este, por sua vez, fazia parte do ônibus (seu lugar estava integrado à parte interna), e com frequência era conhecido — às vezes pelo primeiro nome — dos passageiros de sua linha. Não resta dúvida quanto à solidão dos motoristas dos ônibus Green Line em seus longos trajetos. Se havia uma questão de classe, isso já é outro problema. Como os verdes custavam mais caro e pegavam passageiros nos subúrbios, bem como pela cidade, muitos passageiros deviam ser um pouco mais abastados do que o típico usuário dos ônibus urbanos. Enquanto muita gente que pegava os vermelhos para trabalhar, nos anos 1950, não tinha recursos para ir ao serviço de carro, mesmo que desejasse, uma boa parte dos passageiros da Green Line trocou o ônibus pelo automóvel, nos anos seguintes.

Assim, ao passo que motoristas, cobradores e passageiros dos ônibus urbanos de Londres costumavam pertencer aos mesmos grupos sociais, os usuários da Green Line tendiam a ser de classe média. Isso provavelmente resultou na reprodução nos ônibus de certos padrões de deferência ainda endêmicos na sociedade britânica como um todo. E tornava os ônibus mais silenciosos. Contudo, o orgulho um tanto perceptível dos funcionários da Green Line pelos seus veículos — passavam mais tempo neles e as transferências abruptas para outra linha dificilmente ocorriam, em particular no caso de motoristas que conheciam itinerários longos e complicados — compensava em parte a hierarquia social. Como resultado, todos no ônibus pareciam bastante contentes consigo. Mesmo tendo apenas 11 anos, eu me recordo de pensar que o *aroma* do ônibus era reconfortante, lembrando mais uma biblioteca ou uma antiga livraria do que um meio de transporte. Esta associação difícil de explicar provavelmente se deve ao fato de serem os únicos locais públicos que eu relacionava à calma, e não ao barulho e à confusão.

Continuei a pegar os ônibus verdes até meados dos anos 1960. Nessa época eu viajava tarde da noite (o último Green Line costumava sair da garagem lá pelas dez da noite), na volta de reuniões dos jovens sionistas ou de um encontro com uma namorada. A Green Line, naquela hora da noite, costumava passar no horário (ao contrário dos ônibus vermelhos, os verdes tinham horário fixo); se nos atrasássemos, perdíamos o ônibus. Neste caso, restava a opção demorada do raro trem noturno, na plataforma fria, seguida por uma caminhada cansativa e irritante de uma estação da Southern Railway fora de mão. Andar de ônibus verde era sempre bom, o conforto e a segurança garantiam um transporte confiável e quente para casa, deixando a noite fria de Londres do lado de fora.

Os ônibus da Green Line de hoje não passam de uma sombra de seus predecessores. Pertencem e são operados pela Arriva, a pior das empresas privadas atualmente responsáveis pelos serviços de trem e ônibus na Inglaterra, a preços exorbitantes. Com raras exceções, os ônibus evitam o centro de Londres, passando por novos pontos de referência na topografia britânica: aeroporto de Heathrow, Legoland etc. Sua cor é um acidente histórico, sem maiores vínculos com sua função: na verdade, o verde padrão hoje divide o espaço com tons pastel — um sinal involuntário de que nem os ônibus nem o serviço oferecido servem para um propósito coletivo ou integrado. Eliminaram os cobradores há muito tempo, e os motoristas, hoje separados da parte interna e encarregados do recebimento da passagem, mantêm um relacionamento estritamente comercial com os usuários. Extinguiram as linhas que cruzavam Londres: os ônibus que entram na cidade param no meio do caminho e retornam por onde vieram, como se quisessem lembrar aos usuários que se trata apenas de mais um serviço coletivo para levar alguém do ponto A ao ponto B, sem aspirar a qualquer mapeamento e abrangência, ou de qualquer outra maneira identificar e celebrar o tamanho e a diversidade extraordinários de Londres, e menos ainda seu cinturão verde protetor, em rápida extinção. Como muita coisa na Grã-Bretanha atual, os ônibus da Green Line servem apenas para lembrar, como um marco de fronteira em pedra, gasto e negligenciado, seu passado cujos propósitos e experiências compartilhadas praticamente se perderam no tempo.

VIII

Desejo mimético

Segundo o crítico literário René Girard, sentimos falta e acabamos amando pessoas que são amadas por outros. Não posso confirmar isso por minha experiência pessoal — tenho um histórico de saudades frustradas por objetos e mulheres obviamente indisponíveis para mim, embora não despertassem o interesse especial de mais ninguém. Contudo, há uma esfera de minha vida na qual, inesperadamente, a teoria do desejo mimético de Girard se adapta com perfeição à experiência: se "mimético" quer dizer mútuo e simétrico, e não imitado e contestado, posso atestar a credibilidade do conceito. Adoro trens, e eles sempre corresponderam ao meu sentimento.

O que significa ser amado por um trem? O amor, parece-me, é a condição na qual alguém é ele mesmo, com o máximo de contentamento. Se soar paradoxal, basta lembrar o alerta de Rilke: o amor consiste em deixar ao ser amado espaço suficiente para que a pessoa seja ela mesma, enquanto se criam condições para que essa pessoa desabroche. Quando criança eu sempre me sentia desconfortável e meio constrangido na presença das pessoas, particularmente da minha família. A solidão era uma bênção, mas difícil de obter. *Ser* sempre me pareceu estressante — onde quer que eu estivesse sempre havia algo a fazer, alguém a agradar, um serviço a completar, um papel inadequadamente desempenhado: falta algo. *Tornar-se*, por outro lado, era um alívio. Nunca me senti tão feliz como quando ia para algum lugar por minha conta, e quanto mais demorasse para chegar lá, melhor. Gostava de caminhar, andar de bicicleta era gostoso, e viajar de ônibus, divertido. Mas o trem superava tudo, um verdadeiro paraíso.

Nunca me dei ao trabalho de explicar isso aos amigos e parentes, e portanto precisava arranjar desculpas: lugares que desejava conhecer, pessoas que queria visitar, coisas que precisava fazer. Tudo mentira. Naqueles dias uma criança podia viajar sozinha em segurança no transporte público a partir dos 7 anos, e eu desde pequeno andava pela cidade de metrô. Se eu tinha um objetivo, era percorrer a rede inteira, todas as linhas, de ponta a ponta, um projeto que estive bem perto de concluir. O que eu fazia quando chegava ao fim da linha, a Edgware, por exemplo, ou Ongar? Descia do trem, percorria a estação para examiná-la, olhando cada detalhe, comprava um sanduíche ressecado da London Transport e um Tizer... depois pegava o próximo metrô, de volta.

A tecnologia, a arquitetura e as práticas profissionais do sistema ferroviário me fascinaram desde o começo — sei descrever até hoje as peculiaridades das diversas linhas do metrô londrino e o formato das estações, herança das di-

DESEJO MIMÉTICO

versas empresas privadas dos anos iniciais do sistema. Mas nunca fui um *"trainspotter"*.* Quando progredi para viagens solitárias na extensa rede ferroviária da região Sul da Inglaterra eu me mantinha distante dos grupos entusiasmados de pré-adolescentes de anoraque que no final da plataforma de embarque anotavam cuidadosamente o número dos trens que passavam. A mim aquilo parecia a mais asinina da diversão estática — o objetivo de um trem era embarcar nele.

A região Sul na época oferecia boas oportunidades ao viajante solitário. Eu deixava a bicicleta estacionada no vagão de bagagem da estação Norbiton, na linha Waterloo, pegava o trem elétrico suburbano até a área rural de Hampshire, descia numa estação qualquer nas encostas dos Downs, pedalava descontraído até atingir o limite oeste da antiga estrada de ferro de Londres e Brighton, depois embarcava no trem local para estações como Victoria e Clapham Junction. Nesta última eu contava com a exuberante escolha de 19 plataformas — afinal de contas, trata-se do maior entroncamento ferroviário do mundo — e me divertia um bocado selecionando o trem no qual voltaria para casa. O programa todo durava um dia longo de verão; quando chegava em casa, cansado e contente, meus pais perguntavam delicadamente onde eu estivera e, como bom filho, eu inventava uma atividade louvável, para evitar discussões. Meus passeios de trem eram privados, e eu gostava que fossem assim.

Nos anos 1950, viajar de trem custava pouco — especialmente para meninos de 12 anos. Eu financiava o prazer com a semanada, e ainda sobravam uns trocados para lan-

---

* Pessoa que tem como passatempo anotar os números dos trens que passam. (N. da E.)

char. A viagem mais cara que realizei levou-me quase até Dover — Folkestone Central, para ser exato —, onde eu podia sonhar com os inesquecíveis *rapides*, trens da rede nacional francesa. Mas o passeio típico incluía economizar dinheiro para o Movietone News Theatre da estação Waterloo: o maior terminal londrino, uma cornucópia de locomotivas, tabelas de horários, bancas de jornal, avisos pelos alto-falantes e odores. Anos depois eu deixava passar o trem normal, às vezes, e ficava até altas horas nas áreas de espera fustigadas pelo vento em Waterloo, ouvindo o ronco dos motores a diesel e o carregamento da correspondência, sustentado por uma única xícara de chocolate da British Rail e o romantismo da solidão. Só Deus sabe o que meus pais pensavam que eu estava fazendo, perambulando por Londres às duas da madrugada. Se soubessem, teriam ficado ainda mais preocupados.

Era muito pequeno para viver as emoções da era do trem a vapor. A rede ferroviária britânica adotou rapidamente a locomotiva a diesel (mas não a elétrica, um erro estratégico que ainda está sendo pago), e embora os expressos de longa distância ainda passassem por Clapham Junction no início de minha vida escolar, puxados por magníficas locomotivas a vapor de última geração, a maioria dos trens que eu pegava eram "modernos" em tudo. Mesmo assim, graças à falta crônica de investimentos nas ferrovias britânicas estatizadas, grande parte dos trens datava do período entreguerras, e ainda havia alguns anteriores a 1914. Nos compartimentos fechados e separados (incluindo um em cada quatro vagões para "Senhoras") não havia banheiro, e para manter as janelas abertas havia tiras de couro com furos nos quais um gancho na porta era inserido. Os assentos,

DESEJO MIMÉTICO

mesmo na segunda e na terceira classes, eram estofados com um tecido de lá padrão xadrez que irritava as pernas dos estudantes de calça curta, mas eram confortáveis e quentes nos invernos úmidos e frios daqueles anos.

Claro, procurar recolhimento nos trens parece paradoxal. Afinal, são *transports en commun*, para usar a expressão francesa: projetados desde o início do século XIX para o uso coletivo, conduzindo pessoas sem meios para transporte particular e, com o passar dos anos, para os mais abastados, atraídos pelas acomodações compartilhadas, luxuosas e mais caras. As ferrovias inventaram as classes sociais em sua forma moderna, designando e classificando diferentes níveis de conforto, instalações e serviços: como as ilustrações antigas revelam, os trens foram por muitas décadas lotados e desconfortáveis, exceto para os afortunados que podiam ir de primeira classe. Mas na minha época a segunda classe era mais do que aceitável para o viajante respeitável de classe média; e na Inglaterra, pessoas assim se comportavam com discrição. Nos dias abençoados em que não havia celulares e era inaceitável ligar um rádio transistor em locais públicos (a autoridade do cobrador bastava para coibir espíritos rebeldes), o trem era um lugar tranquilo e silencioso.

Nos anos seguintes, o sistema ferroviário inglês entrou em declínio, e viajar de trem em minha terra natal perdeu seu encanto. A privatização das companhias, a exploração comercial das estações e o envolvimento reduzido do pessoal contribuíram para meu desencanto — e a experiência de viajar de trem nos EUA não ajudava a restaurar recordações ou entusiasmos. Enquanto isso as ferrovias estatizadas da Europa continental iniciavam um período benéfico de investimentos e inovações tecnológicas, enquanto preservavam em grande parte as qualidades únicas herdadas das redes e dos sistemas anteriores.

Por isso viajar pela Suíça ajuda a entender as maneiras pelas quais eficiência e tradição podem se unir sem problemas, para benefício geral. A Gare de l'Est de Paris, ou a Milano Centrale, tanto quanto a Hauptbahnhof de Zurique e a Keleti Pályaudvar de Budapeste, destacam-se como monumentos ao planejamento urbano e à arquitetura funcional do século XIX: comparem essas estações com as perspectivas de longo prazo da lamentável estação Pensilvânia de Nova York — ou praticamente qualquer aeroporto moderno. Bem projetadas — de St. Pancras à admirável nova estação central de Berlim —, as estações de trem *são* a perfeita encarnação da vida moderna, por isso duram tanto e ainda desempenham muito bem as tarefas para as quais foram planejadas. Quando penso nisso, em retrospecto, guardadas as devidas proporções, Waterloo fez por mim o que as igrejinhas interioranas e as catedrais barrocas fizeram por tantos poetas e pintores: ela me inspirou. E por que não? As imensas estações vitorianas de ferro e vidro não eram as catedrais da época?

Eu pretendia escrever sobre trens havia muito tempo. Suponho que já tenha feito isso, pelo menos em parte. Se existe algo original em minha versão da história europeia contemporânea, em *Pós-guerra*, é — creio — a ênfase subliminar no espaço: um senso de regiões, distâncias, diferenças e contrastes dentro dos limites de um pequeno subcontinente. Acho que cheguei a esta noção de espaço de tanto olhar distraidamente pela janela do trem, e de inspecionar de perto as visões e os sons contrastantes das estações onde descia. Minha Europa se mede pelo tempo ferroviário. A maneira mais fácil de "pensar" a Áustria ou a Bélgica é perambular pela Westbahnhof ou pela Gare du Midi, refletindo sobre a experiência, bem como sobre as distâncias percorridas. Com certeza não se trata do único jeito de desvendar uma sociedade e uma cultura, mas para mim funciona.

Talvez a consequência mais desalentadora de minha doença atual — mais deprimente que suas manifestações práticas diárias — é a consciência de que nunca mais andarei de trem. Esta certeza pesa sobre mim como um cobertor de chumbo, que me pressiona cada vez mais para dentro da noção sombria de um final que marca a verdadeira doença terminal: a compreensão de que certas coisas nunca mais acontecerão. Esta ausência é maior do que a mera perda do prazer, a privação da liberdade, a exclusão das novas experiências. Recordando Rilke, ela constitui a perda de mim mesmo, ou, pelo menos, a perda da melhor parte de mim capaz de rapidamente encontrar contentamento e paz. Waterloo nunca mais, paradas no interior nunca mais, solidão nunca mais: não mais tornar-se, só o interminável ser.

IX

O Lord Warden

Todos somos europeus agora. Os ingleses viajam pela Europa inteira, e a Grã-Bretanha tornou-se um destino turístico importante, além de atrair pessoas que procuram emprego, desde Portugal até a Polônia. Os viajantes de hoje não pensam duas vezes antes de embarcar num avião ou trem, para chegar rapidamente a Bruxelas, Budapeste ou Barcelona. É verdade que um em cada três europeus nunca deixa seu país de origem; os outros, porém, se encarregam de suprir a lacuna com entusiasmo. Até as fronteiras internas se desfizeram: pode demorar um pouco até percebermos que entramos em outro país.

Nem sempre foi assim. Na Londres da minha infância, a "Europa" servia para tirarmos férias exóticas no exterior. O "Continente" era um lugar estranho — aprendi mais sobre Nova Zelândia e Índia, cuja geografia imperial era ensinada em todas as escolas primárias. A maioria da população nunca se aventurava além das fronteiras: as pessoas tiravam

77

férias nas cidades costeiras inglesas fustigadas pelo vento, ou em colônias de férias animadas, para toda a família. Uma peculiaridade da nossa (efeito colateral da infância de meu pai, passada na Bélgica?) era cruzar o canal da Mancha com frequência; no mínimo, bem mais do que a maioria das famílias na nossa faixa de renda.

As celebridades iam para Paris de avião; meros mortais pegavam um barco. Havia balsas de Southampton, Portsmouth, Newhaven, Folkestone, Harwich e outros pontos ao norte, mas o caminho clássico — e de longe o mais procurado — passava pelo gargalo do canal, de Dover a Calais ou Boulogne. As ferrovias britânicas e francesas (SNCF) monopolizaram a travessia até os anos 1960. O SNCF ainda usava um vapor de antes da guerra, o *SS Dinard*, cujo convés precisava ser carregado por guindastes, carro por carro. Isso exigia um tempo enorme, mesmo que poucos carros usassem o serviço na época. Sendo assim, minha família tentava sempre marcar a viagem para coincidir com as partidas do principal navio da British Railways, o *Lord Warden*.

Ao contrário do *Dinard*, uma embarcação pequena que corcoveava e adernava perigosamente no mar revolto, o *Lord Warden* era um navio substancial, capaz de levar mil passageiros e 120 carros. Foi batizado em homenagem ao Lord Warden de Cinque Ports — os cinco povoados que receberam privilégios em 1155 d.C., em recompensa por serviços prestados à Coroa inglesa. O serviço de balsa para cruzar o canal, de Dover a Calais (possessão inglesa de 1347 a 1558), data da mesma época, portanto o nome do navio foi bem escolhido.

Pelo que me lembro, o *Lord Warden*, que entrou em serviço em 1951 e navegou até 1979, era um navio moderno, espaçoso. Do vasto convés para veículos ao amplo salão de jantar e sofás em couro sintético, o navio prometia aventura e luxo. Eu apressava meus pais para tomarem logo o café da manhã, para pegar uma mesa na janela e namorar o imutável menu tradicional. Em casa comíamos cereais sem açúcar, tomávamos suco sem açúcar e torradas de pão integral com geleia artesanal. Ali estávamos de férias, porém, um período que permitia certas concessões, desvinculado das práticas saudáveis.

Meio século depois, eu ainda associo viagens pela Europa continental com o café da manhã típico inglês: ovos, bacon, linguiça fina, tomate na chapa, feijão branco, torradas de pão de forma, geleia grudenta e chocolate quente da British Railways, tudo empilhado em travessas brancas pesadas com o nome do navio e da empresa proprietária gravados, servido por garçons brincalhões, em geral cockneys vindo da marinha mercante, aposentados depois da guerra. Depois do café subíamos ao convés gelado e amplo (naqueles dias o canal parecia insuportavelmente frio), para fitar o horizonte com impaciência: Ali, não seria Cap Gris Nez? Boulogne surgia clara, ensolarada, em contraste com Dover, sempre coberta pela neblina cinzenta. Desembarcávamos com a equivocada impressão de ter viajado uma grande distância, chegando não à Picardy invernal, mas ao sul exótico.

Boulogne e Dover eram diferentes de maneiras hoje difíceis de explicar. Os idiomas formavam uma barreira formidável: a maioria das pessoas das duas cidades, não obstante o milênio de comunicações e comércio, era

O *LORD WARDEN*

monoglota. As lojas diferiam na aparência: a França ainda era bem mais pobre que a Inglaterra, pelo menos no geral. No entanto, tivemos racionamento, e eles, não. Até as mais humildes *épiceries* ofereciam alimentos e bebidas desconhecidos e inacessíveis aos invejosos visitantes ingleses. Lembro-me de ter notado, desde as primeiras viagens, o *odor* típico da França: enquanto o cheiro predominante em Dover mesclava óleo de fritura e diesel, Boulogne parecia marinada em peixe.

Não era necessário cruzar o canal com o carro, embora um serviço de balsa criado para transportar veículos prenunciasse as mudanças que logo viriam. Podíamos pegar o trem em Charing Cross até o porto de Dover, caminhar até a balsa e descer pela prancha de desembarque que dava para a estação ferroviária descuidada e velha, na qual os *compartiments* verdes e abafados dos trens franceses esperavam os passageiros. Para o viajante mais abastado ou romântico havia o Golden Arrow: um expresso diário (inaugurado em 1929) de Victoria até a Gare du Nord, transportado por balsas com trilhos, de modo que os passageiros permaneciam em seus lugares confortáveis durante a travessia.

Assim que o barco se afastava das águas territoriais o alto-falante anunciava que a "loja" estava aberta. "Loja" queria dizer um cubículo apertado no fundo do convés principal, identificado por um letreiro luminoso e operado por uma única caixa. Formava-se a fila, cada um fazia seu pedido e esperava para receber a sacola — feito um bêbado envergonhado num *Systembolaget* sueco. A não ser, claro, que a pessoa comprasse acima do limite permitido no duty-free. Nesse caso, recebia a sugestão de reconsiderar.

A loja tinha venda escassa na viagem de ida: os poucos itens que o *Lord Warden* oferecia podiam ser obtidos por preço menor e qualidade melhor na França ou na Bélgica. Entretanto, na volta a Dover a janelinha funcionava a todo vapor. Viajantes ingleses podiam adquirir uma pequena quota de álcool e cigarros, por isso compravam tudo que podiam: os impostos de importação eram enormes. Como a loja permanecia aberta durante 45 minutos, no máximo, não poderia dar muito lucro. Sem dúvida existia como complemento do serviço de bordo, sem ser considerada fundamental para o faturamento.

No final dos anos 1960 e começo dos 70, os navios passaram a sofrer a concorrência do Hovercraft, um híbrido que flutuava num colchão de ar, com duas turbinas para impulsioná-lo. As companhias de Hovercraft nunca conseguiram decidir sua identidade — uma falha característica dos anos 1960. Como ditava a moda na época, anunciavam um serviço eficiente e moderno. "É muito mais tranquilo num Hover", diziam. Mas os "salões de embarque" não passavam de imitação deselegante de aeroportos, e sem a atração dos voos. No trajeto, por sua vez, os passageiros eram obrigados a permanecer sentados durante todo o claustrofóbico percurso por sobre as ondas, sofrendo todas as desvantagens de uma viagem marítima sem a compensação de suas apreciadas vantagens. Ninguém gostava deles.

Hoje, a travessia do canal da Mancha é feita por navios novos, muito maiores que o *Lord Warden*. A distribuição do espaço mudou muito: o salão de jantar formal hoje é relativamente pequeno e pouco usado, pois as pessoas preferem lanchonetes no estilo McDonald. E há sala de videogame, salões de primeira classe (paga-se para entrar), áreas de lazer,

O *LORD WARDEN*

banheiros bem melhores... e uma loja duty-free capaz de envergonhar um Safeway. Faz sentido: devido à existência de túneis para carros e trens, sem mencionar as companhias aéreas de baixo custo, o maior motivo para viajar de navio é fazer compras.

E assim, como costumávamos correr para pegar um lugar na janela no salão de refeições, os passageiros dos navios atuais dedicam a jornada (e uma soma substancial em dinheiro) a comprar perfume, chocolate, vinho, bebidas e tabaco. Em consequência das mudanças no sistema de impostos dos dois lados do canal, porém, não existe um benefício econômico significativo na loja duty-free: fazer compras é um fim em si.

Os nostálgicos devem seguir o bom conselho de evitar essas balsas. Numa viagem recente tentei avistar Calais do convés na chegada. Fui rispidamente informado de que o convés principal permanece fechado durante a viagem, e que eu, se fizesse questão de ficar exposto ao tempo, poderia me juntar aos excêntricos companheiros de viagem numa plataforma baixa na popa, cercada por cordas. Dali não se via nada. O recado era inconfundível: os turistas não podiam perder tempo (e economizar dinheiro) passeando pelo navio. Esta política — embora não se aplique às embarcações (propriedade francesa) felizmente anacrônicas da Brittany Ferries — vem sendo aplicada a trajetos curtos de maneira universal: trata-se da única esperança de solvência.

Pertencem ao passado os dias nos quais os viajantes ingleses observavam com lágrimas nos olhos a aproximação dos penhascos de Dover, cumprimentando-se pela vitória na guerra e comentando como era bom estar de volta e poder apreciar "a verdadeira comida inglesa". Embora Boulogne hoje se pareça muito com Dover (e Dover, lamentavelmente, ainda se pareça consigo), cruzar o canal continua a nos revelar muito a respeito dos dois lados.

Atraídos pelos "preços promocionais" das passagens de ida e volta no mesmo dia, os ingleses correm à França para comprar montes de vinho barato, malas de queijo francês e pacotes e mais pacotes de cigarro com menos impostos. Em sua maioria, viajam de trem pelo túnel, levando o carro ou não. Ao chegar, não encontram a tão temida revista dos funcionários da alfândega, e sim uma série de supermercados gigantes, que ocupam as partes altas de Dunquerque a Dieppe.

Os produtos nesses portos são selecionados conforme o gosto inglês — os avisos são em inglês — e vivem basicamente das vendas aos que cruzam o canal da Mancha. Ninguém hoje sente culpa, nem remota, por adquirir a quota máxima de uísque de uma vendedora de rosto pétreo. Poucos turistas ingleses permanecem mais tempo ou avançam em direção ao sul. Se quisessem fazer isso, provavelmente pegariam um avião da Ryanair pela metade da tarifa.

Os ingleses ainda são os únicos a viajar para o exterior com o expresso propósito do consumismo aleatório de segunda? Você não verá donas de casa holandesas limpando as prateleiras do Harwich Tesco. Newhaven não é nenhum paraíso das compras e as damas de Dieppe não a frequentam. Visitantes do continente que desembarcam em Dover vão direto para Londres, seu objetivo principal. Mas europeus visitando a Inglaterra antes buscavam patrimônios, monumentos históricos e cultura. Hoje, também correm para as promoções de inverno nos onipresentes shoppings ingleses. Essas peregrinações consumistas são o máximo que muitos cidadãos conhecerão da União Europeia. Mas a proximidade pode ser ilusória: por vezes é melhor compartilhar com os vizinhos um sentido mutuamente articulado do estrangeiro. Para isso exige-se uma viagem: uma passagem no tempo e no espaço em que registramos os símbolos e os sinais de mudança e diferença — polícia de fronteira, idiomas estranhos, comida exótica. Até café da manhã inglês de difícil digestão pode invocar lembranças da França, aspirando ao implausível status de madalena mnemônica. Sinto saudades do *Lord Warden*.

Parte Dois

X

Joe

Eu odiava a escola. De 1959 a 1965 frequentei a Emanuel School em Battersea: um estabelecimento vitoriano situado entre as linhas de trem que seguiam para o sul, saindo da estação Clapham Junction. Os trens (ainda eram a vapor na época) providenciavam efeitos sonoros e distração visual, mas o resto era incessantemente tedioso. O interior dos prédios mais antigos exibia os institucionais creme e verde — como os hospitais e as prisões do século XIX, que inspiraram o projeto da escola. Melhorias pontuais depois da guerra acabaram prejudicadas por materiais baratos e isolamento inadequado. Os campos, embora grandes e gramados, me pareciam frios, inóspitos: sem dúvida por causa da cristandade dos exercícios musculares sem graça à qual passei a associá-los.

Essa instituição sombria, que frequentava seis dias por semana (o rúgbi de sábado pela manhã era compulsório), por quase sete anos, nada custava a meus pais. Emanuel tinha "orçamento próprio": era uma escola secundária independente e autônoma, subsidiada pelas autoridades locais, aberta a qualquer menino que obtivesse boas notas nos exames nacionais para alunos de 11 anos ("11+") e fosse aprovado na entrevista. Esses estabelecimentos, com frequência de origem nobre (Emanuel havia sido fundada pela rainha Elizabeth I), equiparava-se às melhores escolas particulares da Inglaterra, bem como aos colégios públicos modelo, cujo currículo acompanhavam de perto.

No entanto, como a maioria das escolas independentes não cobravam mensalidade, e como não tinham internato, valiam-se em larga medida dos moradores da região. O corpo discente situava-se bem abaixo dos de Winchester, Westminster ou Eton na pirâmide social. A maioria dos alunos da Emanuel provinha da classe média baixa do sul de Londres, com um pequeno número de filhos de operários que obtiveram boas notas no 11+, além de um punhado de filhos de corretores da bolsa, banqueiros etc. dos subúrbios, que preferiram uma escola na cidade em vez de um internato particular convencional.

Quando entrei na escola, em 1959, a maioria dos professores da Emanuel estava lá desde o final da Primeira Guerra Mundial: o diretor, o subdiretor (cuja principal atribuição era supervisionar o espancamento dos alunos insubordinados pelos monitores veteranos da sexta série), o diretor da escola primária e meu primeiro professor de inglês. Este, que lecionava desde 1920, mas cujas técnicas pedagógicas eram dignas dos livros de Dickens, passava a maior parte do tempo torcendo a puxando a orelha dos alunos de 12 anos. Não me recordo de uma única palavra que ele tenha dito ou que tenhamos lido no decorrer daquele ano; só me lembro da dor.

O CHALÉ DA MEMÓRIA

Os professores mais jovens eram melhores. Com o passar dos anos, tive aulas razoavelmente boas de literatura inglesa e matemática, introduções satisfatórias em história, francês e latim, e fui tediosamente treinado na ciência do século XIX (se alguém nos expusesse às modernas teorias da biologia e da física, eu talvez me entusiasmasse). A educação física era negligenciada, pelo menos para os padrões americanos: tínhamos uma aula por semana, na qual passávamos a maior parte do tempo esperando a vez para saltar no cavalo de ginástica ou usar o tapete de luta. Eu boxeava um pouco (para agradar meu pai, que lutara bastante, ganhando muitas lutas); era um corredor mediano; e — para surpresa geral — tornei-me um jogador de rúgbi acima da média. Nenhuma dessas atividades, porém, capturava minha imaginação ou elevava meu espírito.

Eu me sentia menos atraído ainda pela absurda "Combined Cadet Force" (CCF), em que os meninos recebiam instrução militar básica e aprendiam a atirar com o rifle Lee Enfield (já obsoleto quando foi adotado pelas forças armadas inglesas em 1916). Por quase cinco anos eu ia para a escola às terças-feiras usando uma farda ajustada do exército britânico da Primeira Guerra Mundial, suportando os olhares curiosos de quem viajava no mesmo trem, e os risinhos contidos das meninas na rua. Passávamos o dia inteiro suando nos uniformes, marchando em volta do campo de críquete no final das aulas, ouvindo ordens e repreensões dos "sargentos" (colegas mais velhos) e "oficiais" (professores de farda, revivendo com entusiasmo seu serviço militar, às nossas custas). A experiência toda me teria feito lembrar de *O Bom Soldado Švejk*, de Hašek, se houvesse alguém com sagacidade suficiente para me apontar aquela direção.

Fui matriculado na Emanuel porque a diretora da minha escola primária não tinha me preparado para passar no exame da St. Paul, a escola pública realmente de primeira linha, sem ser internato, para onde iam meus contemporâneos mais promissores. Creio que jamais comentei com meus pais o quanto eu era infeliz na escola, exceto uma ou outra queixa sobre o antissemitismo endêmico. Naquela época, havia poucas minorias "étnicas" em Londres, e os judeus eram os outsiders mais visíveis. Somávamos apenas uns dez, num colégio com mais de mil alunos, e as ofensas e os palavrões frequentes lançados contra nós não despertavam reações particularmente indignadas.

Escapei graças ao King's. No exame para admissão em Cambridge fiz prova não apenas de história, mas também de francês e alemão. Meus futuros professores consideraram meu desempenho superior ao dos formados no curso médio. Ao saber disso escrevi imediatamente para o King's, perguntando se eles podiam me dispensar de cumprir os créditos restantes. "Sim", foi a resposta. Naquele mesmo dia entrei na secretaria da escola para anunciar que estava saindo de lá. Recordo-me de poucos momentos tão felizes, e não restou nenhum arrependimento.

Exceto um, talvez. No começo do quarto ano na Emanuel, tendo optado pelo currículo de "Artes", precisava escolher entre alemão e grego antigo. Como todos os outros, eu estudava francês e latim desde a primeira série; mas, aos 14, eu supunha estar pronto para um estudo "sério" de idiomas. Sem pensar muito no caso, optei pelo alemão.

O CHALÉ DA MEMÓRIA

Na Emanuel daquele tempo, o professor de alemão se chamava Paul Craddock: "Joe", para três gerações de estudantes. Sujeito delgado, misantropo, que sobreviveu a uma experiência inespecífica durante a guerra — ou, pelo menos, explicávamos assim seu temperamento imprevisível e a evidente falta de senso de humor. Na verdade, Joe tinha uma visão realmente mordaz do absurdo do mundo, e era — como viria a descobrir depois — um sujeito profundamente humano. No entanto, sua aparência externa — tinha em torno de 1,85 metro, usava sapatos de couro maiores que os pés e os cabelos eram ralos e desgrenhados — aterrorizava os adolescentes: uma vantagem pedagógica de valor inestimável.

Em apenas dois anos de estudo intensivo do alemão adquiri um bom nível de confiança e competência linguística. Não havia mistério no método didático de Joe. Aprendemos graças às longas horas diárias estudando gramática, vocabulário e estilo, na aula e em casa. Havia provas diárias de memória, raciocínio e compreensão. Quem errava sofria punições implacáveis: acertar menos de 18 das vinte questões sobre vocabulário valia o apelido de "Tonto!". Compreensão parcial de um texto literário complicado o marcava: "brilhante como a lâmpada de Aladim da Toc-H!" (uma referência à Segunda Guerra Mundial que ainda causava impacto nos adolescentes nascidos em torno de 1948). Entregar um trabalho que não fosse perfeito significava se expor a uma bronca sonora da cabeça furiosamente agitada coberta de cabelo grisalho revolto, antes da condenação a horas de castigo e exercícios adicionais de gramática.

Joe nos apavorava — e, mesmo assim, o adorávamos. Quando entrava na sala de aula chacoalhando os membros

ossudos que precediam os olhos sinistros e atentos no final
do tronco instável todos se calavam, na expectativa. Nada
de incentivos, cordialidade aconchegante ou suavização dos
termos nas críticas. Ele avançava até a mesa, jogava os livros,
virava para o quadro-negro (ou jogava um giz num aluno
distraído), e dava a aula: cinquenta minutos concentrados
de ensino intensivo, implacável. Em latim, sofríamos com
o *As Guerras Gálicas*; em francês, precisamos de cinco anos
a fim de nos preparar para os exames de nível normal e
aprender a traduzir Saint-Exupéry ou outro texto acessível
de modo hesitante. Na metade do segundo ano de alemão
Joe nos fez traduzir com tremenda facilidade e prazer real *A
Metamorfose*, de Kafka.

Apesar de ser um dos alunos (relativamente) mais fra-
cos de sua aula — graças ao interesse pelo sionismo, que
me absorvia demais —, consegui me sair melhor no idioma
alemão do que em qualquer outra matéria (e muito melhor
do que no francês ou na história), tirando a segunda maior
nota no O-Level.* Joe ficou decepcionado, como sempre:
não via motivo para um aluno que aprendeu alemão com
ele não ser o primeiro em qualquer prova realizada no país.
Deixei de estudar alemão em junho de 1964. Quarenta e
cinco anos depois, ainda falo a língua razoavelmente bem,
embora sofra lapsos de memória curtos, se a deixar de lado
por muito tempo. Gostaria de poder dizer o mesmo dos
outros idiomas que estudei depois.

* * *

---

* O O-Level ou Ordinary Level é um dos testes de qualificação do Certificado
Geral de Educação (GCE), aplicado na Grã-Bretanha. (N. do T.)

Joe seria impossível hoje em dia. Sorte dele não ter de ganhar a vida lecionando numa escola moderna — era infame de tão politicamente incorreto, mesmo para os padrões do período. Sabendo muito bem que o único desafio viável para seu monopólio da nossa atenção seria a atração pelo sexo oposto, desancava brutalmente a libido nascente: "Se querem se divertir com as meninas, não desperdicem o meu tempo! Vocês podem sair com elas quando quiserem, mas este ano é a única chance de aprenderem alemão, e não dá para fazer as duas coisas. Se eu vir alguém com uma garota, expulso da turma!" Só um dos meus colegas de classe *tinha* realmente uma namorada; ele temia tanto que Joe descobrisse sua existência que a pobre coitada foi proibida de chegar a menos de 3 quilômetros da escola.

Hoje em dia ninguém mais estuda alemão na escola. O consenso parece ser o de que a mente jovem só consegue lidar com um idioma por vez, de preferência o mais fácil. Nos colégios americanos, assim como nas famigeradas escolas públicas britânicas, de fraco desempenho, os alunos são levados a acreditar que se saíram bem — ou pelo menos que fizeram o máximo possível. Os professores são desestimulados a distinguir entre desempenhos: simplesmente não podem fazer como Joe e elogiar os trabalhos de primeira linha enquanto desancam os piores. Os alunos raramente são chamados de "porcaria inútil!" e "escória da terra!".

O medo saiu de moda, bem como a satisfação obtida pelo esforço linguístico puro, incansável. Joe nunca chegou ao ponto de bater num aluno em sua longa carreira de professor; na verdade, a sala de aula dele ficava ao lado do banho público, que era empregado pelo professor substituto com tendências homoeróticas como lugar para os espancamentos, e Joe jamais guardou segredo de seu desprezo pela prática. Mas o emprego bem-sucedido da intimidação física e da humilhação moral ("Seu idiota inútil!") seria inconcebível num professor atual, mesmo que ele (ou ela) tivesse capacidade de explorar o recurso.

Considero significativo que, de todas as lembranças desagradáveis da escola, a única positiva, sem ambiguidades, foi o curso de alemão de dois anos, no qual a língua me foi implacavelmente ensinada. Não creio que eu seja masoquista. Se me lembro de "Joe" Craddock com tanta afeição e reconhecimento não é só por ele ter inculcado o medo de Deus em mim, ou ter me obrigado a analisar frases em alemão até uma da manhã para não ser chamado de "lixo inútil!" no dia seguinte. Ele foi o melhor professor que já tive; e ensino de qualidade é a única coisa pela qual vale a pena se lembrar da escola.

XI

Kibutz

Meus anos 1960 foram um pouco diferentes dos de meus contemporâneos. Claro, aderi ao entusiasmo pelos Beatles, drogas leves, oposição política e sexo (este último eu mais imaginava do que praticava, mas nisso eu acompanhava a experiência da maioria, não obstante os mitos retrospectivos). No que dizia respeito à militância política, eu divergi da maioria no período entre 1963 e 1969, aderindo por completo ao sionismo de esquerda. Passei os verões de 1963, 1965 e 1967 trabalhando em kibutzim israelenses, e dedicava boa parte do tempo ao engajamento ativo no sionismo trabalhista, fazendo proselitismo sem remuneração como membro do movimento jovem. Durante o verão de 1964 fui "preparado" para a liderança, num campo de treinamento no sul da França; e de fevereiro a julho de 1966 trabalhei em tempo integral no Machanayim, uma fazenda coletiva na Alta Galileia.

95

KIBUTZ

Essa educação decididamente sentimental e intensiva funcionou muito bem no começo. Pelo menos até o verão de 1967, quando fui promovido de trabalhador voluntário num kibutz a participante auxiliar das forças armadas de Israel. Era o recruta ideal: articulado, comprometido e ideologicamente conformista radical. Como os dançarinos circulares de *O livro do riso e do esquecimento* de Milan Kundera, aderi à celebração coletiva animada com meus companheiros, excluindo vozes discordantes e celebrando nossa reconfortante unidade de espírito, propósito e vestuário. Eu idealizava uma diferenciação judaica, e intuitivamente absorvi e reproduzi a ênfase sionista na separação e na diferença étnica. Cheguei a ser convidado — na absurdamente imatura idade de 16 anos — para fazer o discurso principal numa conferência da juventude sionista em Paris, denunciando o cigarro como "desvio burguês" e ameaça ao envolvimento de adolescentes judeus saudáveis em atividades ao ar livre. Duvido muito que acreditasse nisso, mesmo na época (afinal de contas, eu fumava): mas eu era muito bom com as palavras.

A essência do sionismo trabalhista, ainda fiel naquele tempo a seus dogmas fundadores, baseava-se na promessa de trabalho judeu: a ideia de que jovens judeus da diáspora seriam resgatados de suas vidas decadentes e assimiladas e transportados aos assentamentos em locais remotos da área rural da Palestina — para ali criar (e, na concepção ideológica, recriar) um campesinato judeu que não exploraria nem seria explorado. Derivado em igual medida das utopias socialistas do início do século XIX e dos mitos russos posteriores de comunidades rurais igualitárias, o sionismo trabalhista se caracterizava pela esperada fragmentação em

96

cultos sectários: alguns acreditavam que todos no kibutz deveriam usar uniformes, criar os filhos coletivamente, comer juntos e usar (mas não possuir) mobília, utilidades domésticas e até livros idênticos, além de decidir coletivamente a respeito de todos os aspectos de suas vidas, em assembleias semanais compulsórias. Adaptações menos radicais da doutrina central permitiam uma certa variação no estilo de vida e mesmo a propriedade pessoal moderada. E havia nuances variadas entre os membros de um kibutz, com frequência os conflitos pessoais e familiares se transformavam em discórdia conceitual fundamentalista.

Todos nós, porém, acreditávamos num propósito moral mais abrangente: conduzir os judeus de volta à sua terra e protegê-los assim da degeneração e perda das raízes provocada pela diáspora. Para um londrino de 15 anos, novato, entrar num kibutz pela primeira vez provocava uma excitação única. Ali se encontrava o "judaísmo vigoroso" em sua aparência mais sedutora: saúde, exercício, produtividade, propósito coletivo, autossuficiência e separatismo orgulhoso — para não mencionar os encantos dos jovens de sua geração nascidos no kibutz, livres de todos os complexos e inibições de seus pares europeus (livres, também, da herança cultural — embora isso não tenha me incomodado na época, só bem depois).

Adorei. Oito horas de trabalho braçal extenuante, sem exigências intelectuais, numa plantação de banana abafada na costa do mar da Galileia, entremeada de canções, caminhadas, longas discussões doutrinárias (cuidadosamente encenadas para reduzir o risco de rejeição adolescente e maximizar o apelo dos objetivos compartilhados), e a onipresente insinuação de sexo sem culpa: naqueles dias o kibutz e sua aura ideológica ainda mantinham um resquício do "amor livre" inocente dos cultos radicais do início do século XX.

Claro que na realidade as comunidades eram provincianas e bastante conservadoras, e sua rigidez ideológica camuflava o horizonte limitado de muitos membros. Já em meados dos anos 1960 estava claro que a economia de Israel não se baseava mais na agricultura doméstica em pequena escala. A resistência do movimento dos kibutzim de esquerda em empregar árabes, além de macular seu espírito igualitário, serviu para isolá-los dos fatos inconvenientes da vida no Oriente Médio. Sei que não entendi tudo isso na época — embora eu me lembre bem de me perguntar por que não conhecera um único árabe no decorrer dos longos períodos em kibutz, apesar da proximidade das comunidades árabes mais populosas do país.

Compreendi logo, sem reconhecer abertamente, porém, as limitações do kibutz e de seus participantes. O mero fato de instalar um autogoverno coletivo, ou a distribuição igualitária dos bens de consumo, não torna ninguém mais sofisticado ou tolerante para com os outros. De fato, na medida em que contribui para uma extraordinária presunção em termos de autoimagem, na prática acabava por reforçar o pior tipo de solipsismo étnico.

Até hoje me lembro da surpresa que tive ao perceber que meus companheiros de kibutz sabiam pouco e se importavam menos ainda com o mundo exterior — exceto na medida em que diretamente os afetava, ou ao país. Preocupavam-se principalmente com os assuntos da terra, com a mulher do vizinho, com os bens do vizinho (em ambos os casos comparando-os invejosamente com os seus). A liberação sexual, nos dois kibutzim onde passei bastante tempo, derivava basicamente da infidelidade conjugal e suas consequências, a fofoca e a recriminação. Nesse aspecto, essas comunidades-modelo socialistas se pareciam muito com vilarejos medievais, com consequências similares para os expostos à desaprovação coletiva.

Como resultado dessas observações, passei muito cedo a vivenciar uma forma de discordância cognitiva em relação a minhas ilusões sionistas. Por um lado, eu queria muito acreditar no kibutz como modo de vida e encarnação de um tipo melhor de judaísmo; e, tendo inclinações dogmáticas, não encontrei dificuldade para me convencer de suas virtudes teóricas por alguns anos. Por outro, a experiência não me agradava nada. Mal podia esperar o momento de sair de lá após uma semana de trabalho. Ia de carona ou ônibus para Haifa (a cidade grande mais próxima), onde passava o sabá me deliciando com creme azedo enquanto olhava nostalgicamente das docas para os barcos de passageiros que seguiam para Famagusta, Izmir, Brindisi e outros destinos cosmopolitas. Israel parecia uma prisão naquele tempo, e o kibutz, uma cela superlotada.

Libertei-me das confusões por duas vias evolutivas bem distintas. Quando meus colegas de kibutz souberam que eu havia sido admitido na Universidade de Cambridge, e pretendia cursá-la, assombraram-se. Toda a cultura da "Aliya" — a "ascensão", ou imigração dos judeus para Israel — presumia romper com vínculos e oportuni-

KIBUTZ

dades da diáspora. Os líderes dos movimentos jovens na época sabiam perfeitamente que, se um adolescente fosse para a Inglaterra ou França e permanecesse por lá até terminar a faculdade, provavelmente nunca mais voltaria a morar em Israel.

A posição oficial, portanto, era a de que estudantes interessados em cursar uma faculdade deveriam deixar de lado as opções europeias; eles deveriam passar alguns anos num kibutz, colhendo laranjas, dirigindo trator ou cuidando do bananal; depois, se as circunstâncias permitissem, apresentar-se à comunidade como candidato ao prosseguimento dos estudos — aceitando que o kibutz determinasse, coletivamente, que tipo de estudo deveria fazer, se fosse aprovado, sempre enfatizando sua utilidade futura para a comunidade.

Com sorte, em resumo, eu poderia entrar para uma universidade israelense aos 25 anos, talvez para estudar engenharia elétrica ou, se fosse muito afortunado e compreendido por meus companheiros, tornar-me professor de história no ciclo básico. Aos 15 anos a possibilidade me atraía. Dois anos depois de estudar muito para entrar no King's, não tinha a menor intenção de perder a oportunidade, e menos ainda de passar o resto da vida na lavoura. A total incompreensão e o total desprezo da comunidade do kibutz pela minha decisão serviram apenas para confirmar meu crescente distanciamento da teoria e prática da democracia comunitária.

O outro estímulo para a separação, claro, foi minha experiência com o exército nas colinas de Golã, depois da Guerra dos Seis Dias. Ali, para minha surpresa, descobri que a maioria dos israelenses não era socialista agrária tardia

100

transplantada, e sim jovens judeus urbanos preconceituosos que diferiam de seus contemporâneos europeus ou americanos pela autoconfiança machista arrogante e pelo acesso a armamentos. Sua atitude perante os árabes recentemente derrotados me chocou (comprovando minhas desilusões dos anos no kibutz), e a despreocupação com que antecipavam a ocupação e dominação futura das terras árabes me aterrorizou. Quando regressei ao kibutz em que vivia — Hakuk, na Galileia — eu me senti deslocado. Em poucas semanas fiz as malas e voltei para casa. Dois anos depois, em 1969, voltei lá com minha namorada para ver o que restava. Ao visitar o kibutz Machanayim encontrei "Uri", um colega da colheita de laranja no passado. Sem se preocupar em me cumprimentar, sem uma única saudação, Uri passou na nossa frente, parando apenas para dizer: *"Ma ata oseah kan?"* ("O que está fazendo aqui?"). Boa pergunta.

Não acho que aqueles anos tenham sido desperdiçados ou esbanjados. Entre outras coisas, garantiram um estoque de lembranças e lições mais rico do que o disponível numa década de conformidade com as tendências da minha geração. Quando fui para Cambridge já tinha vivenciado — e liderado — um movimento ideológico do tipo que a maioria dos meus contemporâneos só conhecia em teoria. Eu sabia o que significava ser "crente" — mas também sabia o preço que se paga em caso de identificação intensa e comprometimento inquestionável. Antes de completar 20 anos eu me tornei, fui e deixei de ser sionista, marxista e membro de uma comunidade: não acho que seja pouco para um adolescente londrino.

Ao contrário de muitos dos meus contemporâneos de Cambridge, portanto, tornei-me imune ao entusiasmo e à sedução da Nova Esquerda, e mais ainda aos seus rebentos radicais: maoismo, *gauchisme*, terceiro-mundismo etc. Pelas mesmas razões os dogmas estudantis da transformação anticapitalista não me inspiravam nada, e muito menos os cantos de sereia do marxismo-feminismo e da política sexual em geral. Eu desconfiava — e continuo desconfiando — de políticas de identidade de qualquer tipo, judaísmo acima de todos. O sionismo trabalhista fez de mim, talvez meio prematuramente, um social-democrata universalista, consequência que teria horrorizado meus professores israelenses, caso tivessem acompanhado minha carreira. Mas não o fizeram, claro. Tendo abandonado a causa, para todos os efeitos, eu estava "morto".

XII

Bedder

Cresci sem empregados domésticos. Isso não é nada surpreeendente: primeiro porque éramos uma família pequena, de classe média baixa, que morava num lugar pequeno, de classe média baixa. Antes da guerra, famílias assim podiam no geral manter uma empregada e quem sabe até uma cozinheira. A classe média de verdade, claro, tinha mais recursos: um profissional abastado e sua família podiam contar com a ajuda de vários serviçais. Contudo, os impostos criados nos anos 1950 e o aumento dos salários elevaram o custo dos empregados domésticos, colocando-os ao alcance apenas dos ricos. O máximo que meus pais puderam pagar foi uma babá diurna — quando eu era pequeno e minha mãe precisava trabalhar — seguida por uma série de *au pairs*, nos anos de prosperidade. Fora isso, só a faxineira esporádica; nada mais.

Portanto, cheguei completamente despreparado em Cambridge. Lá se observava a antiga tradição, tanto a Universidade de Oxford quanto a de Cambridge mantinham um quadro de funcionários cuja tarefa exclusiva era cuidar dos jovens estudantes. Em Oxford, chamavam esses serviçais de *scouts*; em Cambridge, eram as camareiras conhecidas como *bedders*. Uma distinção apenas convencional — embora as palavras sugerissem uma nuance interessante na forma de vigilância que deviam exercer, suas funções eram idênticas. *Bedders*, assim como *scouts*, acendiam o fogo na lareira (no tempo em que havia lareiras), limpavam o quarto dos alunos, arrumavam a cama, trocavam as cobertas, saíam para fazer compras de miudezas e prestavam serviços gerais do tipo a que os jovens estavam presumidamente acostumados devido a sua criação.

Sem dúvida havia outros pressupostos implícitos na atuação dos serviçais. Os estudantes de Oxbridge, ao que constava, seriam incapazes de executar tarefas subalternas: porque nunca as tinham realizado e porque suas aspirações e interesses os elevavam acima de tais questões. Ademais, e talvez acima de tudo, a camareira se encarregava de ficar de olho nas condições morais de sua turma (os *scouts*, ou valetes de Oxford, em geral eram homens, embora em número menor nos anos 1960, e *bedders*, na minha experiência, foram sempre mulheres).

Entrei em Cambridge em 1966, época em que a instituição da *bedder* e as responsabilidades que lhe cabiam, embora não chegassem ainda ao anacronismo, geravam certa tensão com os costumes em rápida transformação. Em King's, pelo menos, faltava a um número crescente de estudantes familiaridade com empregados domésticos; ficávamos meio confusos, para dizer o mínimo, no primeiro contato com uma mulher que, ao menos formalmente, estava à nossa "disposição".

A maioria das camareiras eram senhoras já de certa idade, normalmente de famílias locais que prestavam serviços à faculdade ou universidade desde tempos imemoriais. Portanto, estavam bastante familiarizadas com a cultura do "serviço" e a sutil alternância de autoridade e humildade presente na relação patrão-empregado doméstico. Em meados dos anos 1960, conheci *bedders* ainda em atividade que trabalhavam lá desde o armistício de 1918. Elas sabiam o que esperar de rapazes adolescentes: sendo bem mais velhas que nossas mães, não encontravam dificuldade para obter um equilíbrio adequado entre respeito e afeição.

Havia também camareiras mais recentes e jovens. Originárias da mesma classe social de suas colegas veteranas, e, como elas, provenientes de comunidades rurais de East Anglia, sem dúvida nos olhavam como os outsiders irresponsáveis e privilegiados que éramos. Do nosso ponto de vista, porém, elas eram inegavelmente exóticas: uma moça, não raro só poucos anos mais velha do que nós, que chegava de manhã cedo e prestava serviços em nossos quartos. "Serviços", no caso, que se restringiam a arrumar a bagunça: enquanto a sra. (ou srta.) Mop circulava a nossa volta, as formas carnudas ao alcance de nossa imaginação adolescente, mas intocáveis, fazíamos o máximo possível para bancar cavalheiros descontraídos, largados lânguidos nas poltronas, tomando café e lendo jornal.

Nem a camareira nem nós nos iludíamos, embora as duas partes tivessem interesse na representação. A inibição de classe (para não mencionar o risco de demissão) bastaria para coagir a moça. Quanto aos universitários, mesmo que eles não tivessem experiência pessoal em relacionamentos do gênero, a distância sociocultural a percorrer era muito longa. No final do primeiro semestre já tratávamos a *bedder* como lordes nascidos em meio aristocrático.

Se surgisse a questão do sexo, cabia à camareira, como parte de suas tarefas implícitas, zelar pelas regras e pelos códigos morais da instituição (delatando os infratores). Na maioria das faculdades Oxbridge da época era terminantemente proibido que uma moça passasse a noite no quarto de um rapaz; ela era obrigada a sair da faculdade ou do alojamento antes das 23h. As autoridades levavam a sério a responsabilidade de pais suplentes. Neste, e em vários outros aspectos, King's era um pouco diferente — não nas regras formais, e sim na medida em que podiam ser quebradas com impunidade.

Por isso a maioria de nós, num ou noutro momento, tínhamos uma namorada fixa (e até uma atrás da outra, embora nem todos dessem tanta sorte): poderia ser uma aluna de uma das faculdades para mulheres, às vezes uma professora trainee ou enfermeira da cidade, e não raro alguma beldade importada da cidade natal do sujeito. Os diretores e supervisores da faculdade faziam vista grossa: também boêmios de classe média, mais na aparência do que no estilo de vida, sorriam benevolentes para a quebra das regras que deveriam impor — conscientes da autoimagem da escola, cuidadosamente cultivada, de dissidência radical e sexualidade transgressora de longa data (embora até então da variedade homoerótica).

As *bedders* viam tudo de maneira diferente. Como os porteiros e o pessoal administrativo da faculdade, muitas estavam no posto havia mais tempo do que seus patrões. Sua origem rural ou operária as tornava bem mais conservadoras em termos morais do que os estudantes das classes médias profissionais e intelectuais dos quais tomavam conta informalmente e aos quais estavam subordinados. Cercadas por jovens ardentes e funcionários indulgentes, as camareiras de décadas anteriores podiam recorrer às convenções morais e à opinião pública.

No entanto, nos anos 1960 as regras antigas deixaram de vigorar — ou, pelo menos, de serem impostas. Por isso um novo conjunto de comportamentos implícitos emergiu, parecido com os acordos informais que os países comunistas tardios adotavam para sobreviver: as pessoas fingem aceitar o regime e os dirigentes fingem acreditar nelas. Duvido que algum de nós, mesmo em 1968, tivesse a ousadia de deixar à vista da *bedder* sinais da passagem de uma moça pelo quarto, ou a própria moça. Por outro lado, não sentíamos mais necessidade de realizar uma limpeza completa para apagar todos os traços: uma peça de vestuário feminino esporádica, ou outra evidência de companhia noturna, corria pouco risco de provocar uma censura oficial. Agíamos como se a camareira considerasse nossa vida semelhante à dos monges contemplativos, e ela — cúmplice e até divertindo-se — nada fazia para desautorizar a encenação.

Na verdade, a única vez em que causei problemas para minha camareira foi na noite em que — atipicamente e por razões que não me recordo mais — voltei para o quarto bêbado de cair, caí na cama... e acordei numa poça de vômito. Na manhã seguinte a *bedder*, uma veterana experiente chamada Rose, avaliou a situação com uma rápida olhada e arregaçou as mangas. Em duas horas eu me vi limpo, vestido, sentado na poltrona com uma xícara de café na mão, gaguejando desculpas, morrendo de vergonha. Rose, que organizava tudo tranquilamente, devolveu minha cama e arredores à condição imaculada inicial enquanto tagarelava descontraída sobre as aventuras da cunhada, funcionária de um supermercado. Nunca comentou o incidente comigo, nem eu com ela. Nosso relacionamento não sofreu nenhum dano.

Creio que naquele Natal presenteei Rose com uma caixa de bombons maior do que a de costume. Eu certamente não saberia fazer outra coisa: sendo pobre, ela talvez preferisse ganhar dinheiro vivo, mas a faculdade desaprovava gorjetas e, de todo modo, eu vivia tão duro quanto ela. A diferença entre nós, sem levar em conta nossas respectivas preferências culturais, estava nas perspectivas futuras, e não na condição de momento. Os dois sabíamos disso, e ela mais do que eu, com certeza.

Uma década depois, assumi uma posição de autoridade: era patrão de Rose, por assim dizer. Tornei-me membro da King's e, por um curto período, assistente da reitoria. Uma das minhas funções era repreender os estudantes por comportamento excessivamente impróprio. No cargo, certa vez atuei como mediador entre um grupo de universitários do final dos anos 1970 (rapazes e moças, pois King's virou curso "misto" em 1972) que foram farrear no gramado da faculdade certa manhã, sem roupa, e a *bedder* indignada com a falta de decoro. Os estudantes ficaram estupefatos: para eles, naquela época pós-autoritária, era totalmente incompreensível que alguém estranhasse seu comportamento, e muito menos que o considerasse "inadequado". Até parece, como um deles ressaltou a mim, que estavam "fazendo aquilo na rua" — uma referência a Paul McCartney que supunham, de forma sensata, que não passaria despercebida para um sujeito dos anos 1960.

A camareira, porém, estava inconsolável. Não lhe faltava familiaridade com a nudez. Vira gerações de jovens jogadores de rúgbi tirarem a roupa embriagados, para desabar na cama em estupor alcoólico. Mas aquilo era diferente. Para começar, havia moças envolvidas, o que a incomodou. Em segundo lugar, ninguém fez qualquer esforço para fingir, dissimular ou cobrir o corpo. E ainda por cima riram de seu constrangimento. Em resumo, desobedeceram as regras de convenção e ela se sentiu humilhada.

Os universitários em questão, soube depois, vinham em sua maioria de colégios públicos: primeira geração de estudantes em ascensão social de origem modesta. Isso também perturbou a camareira. Uma coisa era ser tratada com condescendência por jovens cavalheiros à antiga — que teriam pedido desculpas na manhã seguinte e demonstrado seu arrependimento na forma de um mimo ou até de um abraço afetuoso, cheio de remorso. Mas os estudantes das novas levas as tratavam como iguais — e isso as magoava tanto quanto outras atitudes. A *bedder* não era igual aos estudantes, jamais seria. Entretanto, pelo menos ela tinha o direito tradicional, mesmo que só durante os anos de faculdade, de contar com o respeito e a tolerância deles. Qual era a graça de ser empregada mal paga, se isso não era mais apreciado? Assim o relacionamento se reduzia ao mero emprego, e neste caso ela podia ganhar mais na fábrica de enlatados local.

As nuances desse enfrentamento poderiam me ter escapado completamente se eu não tivesse sido educado no final da era da aplicação da *noblesse oblige*. Tentava explicar aos estudantes — apenas dez anos mais novos do que eu — os motivos exatos que provocaram ofensa e irritação naquela senhora de meia-idade. Mas eles só entendiam o caso como uma justificação para o servilismo humilhante numa era de igualitarismo retórico. Eles não se posicionavam contra a instituição das *bedders*, pois se beneficiavam. Simplesmente achavam que as mulheres deviam ganhar mais: como se um aumento compensasse as injustiças de classe e o orgulho ferido pela perda de status — dispensando os rapazes e as moças cujas camas elas arrumavam de obrigações condescendentes como polidez e consideração.

Os estudantes refletiam fielmente as disposições da época. Como os economistas de hoje — e não obstante suas predileções radicais proclamadas com entusiasmo — eles defendiam que todas as relações humanas devem ser reduzidas a cálculos racionais relativos ao interesse pessoal. Sem dúvida a camareira preferiria ganhar o dobro e fechar os olhos para os comportamentos que a ofendiam, certo?

No entanto, refletindo melhor sobre o caso, foi a *bedder* quem mostrou uma sensibilidade mais apurada dos aspectos fundamentais do relacionamento humano. Os estudantes, sem se darem conta, repetiam feito papagaios uma visão capitalista empobrecida: o ideal das unidades produtivas individuais para maximizar a vantagem privada, indiferentes à comunidade ou às convenções. A camareira deles sabia que não funcionava assim. Podia ser semiletrada e pouco instruída, mas seu instinto a conduziu à compreensão clara dos relacionamentos sociais, das regras não escritas que os sustentam, e à ética interpessoal sobre a qual repousam a priori. Com certeza nunca ouviu falar em Adam Smith, mas o autor da *Teoria dos Sentimentos Morais* certamente teria concordado com ela.

XIII

Paris foi ontem

O que houve com os intelectuais franceses? Um dia tivemos Camus, "o herdeiro contemporâneo de uma longa linhagem de moralistas cuja obra constitui o que há de mais relevante nas letras francesas" (Sartre). Tivemos o próprio Sartre. Tivemos François Mauriac, Raymond Aron, Maurice Merleau-Ponty e a "*inénarrable* Mme. De Beauvoir" (Aron). Depois vieram Roland Barthes, Michel Foucault e — ainda mais controverso — Pierre Bourdieu. Todos podiam ser considerados importantes como romancistas, filósofos ou simplesmente "homens de letras". Mas foram também, e acima de tudo, intelectuais franceses.

Sem dúvida, existem ainda homens de reputação muito considerável fora da França: Jürgen Habermas, por exemplo, ou Amartya Sen. Contudo, quando pensamos em Habermas, a primeira coisa que nos vem à mente é sua obra como sociólogo. Amartya Sen é o principal intelectual indiano de projeção internacional dos últimos cinquenta anos, mas o mundo o conhece mais como economista. No mais — revendo alguns nomes —, temos Slavoj Žižek, cuja incontinência retórica sugere uma paródia periférica involuntária do original metropolitano. No caso de Žižek — e de Antonio Negri, talvez — temos intelectuais mais conhecidos por serem... intelectuais, no mesmo sentido em que Paris Hilton é famosa por ser... famosa.

As pessoas recorrem à França, porém, quando querem intelectuais para valer. Ou, mais precisamente, a Paris. Alain Finkielkraut, Julia Kristeva, Pascal Bruckner, André Glucksmann, Régis Debray e Bernard-Henri Lévy — exemplos mais visíveis da atualidade — fizeram o nome graças a uma série de contribuições em debates controversos ou da moda. Todos compartilham entre si e com seus predecessores mais ilustres a capacidade de discorrer com confiança sobre um extraordinário espectro de assuntos públicos e culturais.

Por que coisas do gênero desfrutam de respeito muito maior em Paris? Seria difícil imaginar um diretor americano ou inglês fazendo um filme como *Minha Noite com Ela* (1969), de Éric Rohmer, no qual Jean-Louis Trintignant agoniza durante quase duas horas, dividido entre dormir ou não com Françoise Fabian, e no processo evoca um pouco de tudo, da aposta de Pascal na existência de Deus à dialética da revolução leninista. Neste, como em muitos filmes franceses do período, a indecisão conduz a trama, e não a ação. Um diretor italiano teria incluído sexo. Um diretor alemão, política. Para o francês, bastavam as ideias.

Não se pode negar o apelo sedutor da intelectualidade francesa. Durante o terço médio do século XX, todo aspirante a pensador, de Buenos Aires a Bucareste, vivia numa Paris mental. Como os pensadores franceses usavam preto,

PARIS FOI ONTEM

fumavam Gitanes, abusavam da teoria e falavam francês, o resto de nós os acompanhávamos. Lembro-me muito bem de encontrar colegas estudantes ingleses nas ruas da margem esquerda do Sena e mudar timidamente para o francês. *Précieux*, sem dúvida, mas *de rigueur*.

A própria palavra "intelectual", empregada no sentido elogioso, teria certamente intrigado o escritor nacionalista Maurice Barrès, que a usou de modo pejorativo para descrever Émile Zola, Léon Blum e outros defensores do "traidor judeu" Dreyfus. Desde então, os intelectuais "intervêm" em questões públicas delicadas, invocando a autoridade especial de sua condição acadêmica ou artística (hoje em dia, o próprio Barrès seria considerado "intelectual"). Não por acidente, quase todos eles frequentaram uma instituição pequena de enorme prestígio: a École Normale Supérieure.

Para entender o mistério da intelectualidade francesa precisamos começar pela École Normale. Fundada em 1794 para formar professores do curso secundário, tornou-se a incubadora da elite republicana. Entre 1850 e 1970, praticamente todos os franceses relevantes em termos intelectuais (as mulheres só passaram a ser admitidas recentemente) se formaram lá: de Pasteur a Sartre, de Émile Durkheim a Georges Pompidou, de Charles Péguy a Jacques Derrida (que conseguiu ser reprovado não uma, mas duas vezes no exame de admissão, antes de conseguir entrar), de Léon Blum a Henri Bergson, Romain Rolland, Marc Bloch, Louis Althusser, Régis Debray, Michel Foucault, Bernard-Henri Lévy e todos os oito franceses ganhadores da medalha Fields para matemáticos.

Quando cheguei lá em 1970, como um *pensionnaire étranger*, a École Normale ainda reinava suprema. Fato in-

114

comum na França, tem campus residencial, ocupando um tranquilo quarteirão no 5º arrondissement. Todos os estudantes têm um quartinho só para si, no prédio quadrado em volta de uma praça. Além dos dormitórios, há salões, auditórios para seminários e palestras, refeitório, biblioteca de ciências sociais e a Bibliothèque des Lettres: uma magnífica biblioteca de estantes abertas, insuperável na conveniência e no conteúdo.

Estudantes americanos, acostumados a bibliotecas de pesquisa com estantes cheias em todas as universidades federais de Connecticut à Califórnia, teriam dificuldade para entender isso: a maioria das universidades francesas parece mais uma faculdade interiorana deficitária. Mas os privilégios dos *normaliens* se estendem muito além da biblioteca e do quarto. Entrar na ENS era (e ainda é) um feito extraordinário. Qualquer estudante formado no curso médio precisa sacrificar mais dois anos, entupindo-se (a imagem do ganso surge em minha mente) com doses intensivas de cultura clássica francesa ou ciência moderna. Depois faz o exame de admissão, e seu desempenho é comparado ao dos outros candidatos. Os resultados são divulgados. Os cento e poucos primeiros colocados conseguem matrícula na École — bem como uma renda vitalícia garantida, pois se supõe que buscarão fazer carreira no serviço público.

Portanto, numa população de 60 milhões de pessoas, a elite acadêmica humanista prepara apenas trezentos jovens de cada vez. Era como se todos os formados nos colégios norte-americanos passassem por uma peneira que permitisse o acesso de apenas mil candidatos a uma faculdade do nível e status de Harvard, Yale, Princeton, Columbia,

Stanford, Chicago e Berkeley. Como era de se esperar, os *normaliens* se têm em alto conceito.

Os jovens que conheci na École me pareceram menos amadurecidos que meus contemporâneos de Cambridge. Conseguir a admissão em Cambridge, embora difícil, não excluía um jovem da vida normal e agitada. Quem pretendia cursar a École Normale, porém, precisava sacrificar anos da adolescência até atingir o objetivo, e isso os marcava. Sempre me impressionava o imenso volume de informações decoradas por meus colegas franceses, indicando uma formação tão ampla que em certos momentos era quase indigesta. Haja *pâté de foie gras*.

Mas o que esses futuros intelectuais franceses ganhavam em cultura normalmente perdiam em imaginação. Meu primeiro café da manhã na École foi instrutivo, neste aspecto. Sentado na frente de um grupo de calouros de pijama, com a barba por fazer, fiquei enfiado na xícara de café. De repente, um rapaz que se parecia com Trotski quando jovem debruçou-se e me perguntou (em francês): "Onde você fez o *khâgne*?" Referia-se ao curso preparatório intensivo, após o curso médio, ou *lycée*. Expliquei que não tinha feito o *khâgne*, e que vinha de Cambridge. "Ah, então você fez o *khâgne* na Inglaterra." Tentei novamente: "Não fazemos o *khâgne*, vim para cá direto de uma universidade inglesa."

O rapaz olhou para mim com fulminante desprezo. Não é possível, explicou, entrar na École Normale sem passar primeiro pela preparação no *khâgne*. Como está aqui, precisa ter feito o *khâgne*. E após o floreio cartesiano conclusivo, virou de costas, concentrando a atenção em alvos mais promissores. A separação radical entre a evidência desinteressante de seus próprios olhos e ouvidos e as conclusões irrefutáveis derivadas dos primeiros princípios me apresentou ao axioma essencial da vida intelectual francesa.

Nos idos de 1970, a École gabava-se de seus pretensos "maoistas". Um deles, um matemático talentoso, fez questão de me explicar por que a formidável Bibliothèque des Lettres deveria ser derrubada: *"Du passé faisons table rase"* ("Façamos tábula rasa do passado"). Sua lógica era impecável: o passado é de fato um impedimento para a inovação irrestrita. Ainda assim, fiquei confuso ao tentar explicar por que exatamente seria um equívoco. No final, só consegui dizer que com o passar dos anos ele veria as coisas de maneira diferente. "Uma conclusão bem inglesa", ele rebateu em tom crítico.

Meu amigo maoista e seus companheiros não incendiaram a biblioteca (embora uma tentativa desastrada de invadi-la tenha sido feita certa noite). Ao contrário dos estudantes alemães e italianos, a ala radical do movimento estudantil francês nunca passou de teorização revolucionária a uso da violência. Seria interessante especular o motivo: a violência retórica sem dúvida atingiu um nível considerável no ano que passei lá, quando os *normaliens* maoistas periodicamente "ocupavam" o refeitório e o cobriam de slogans: *les murs ont la parole*. No entanto, não conseguiram para sua causa o apoio dos igualmente "zangados" alunos da Sorbonne, localizada ali perto.

Isso não deveria nos surpreender. Ser um *normalien* em Paris naquele tempo dotava a pessoa de um capital cultural considerável, como diria Pierre Bourdieu (outro *normalien*). Os *normaliens* tinham mais a perder do que a maioria dos estudantes europeus, caso virassem o mundo de ponta cabeça, e sabiam disso. A imagem (importada da Europa Central) do intelectual como cosmopolita sem raízes — uma classe de sujeitos supérfluos em conflito com uma sociedade hostil e um governo repressivo — nunca se aplicou à França. Em nenhum outro lugar os intelectuais se sentiam mais *chez eux*.

Raymond Aron, que entrou na École em 1924, escreveu em suas *Memórias* que "nunca conheci tantos homens inteligentes num espaço tão pequeno". Eu endosso o sentimento. A maioria dos *normaliens* que conheci seguiu carreiras públicas ou acadêmicas grandiosas (sendo Bernard-Henry Lévy a notável exceção, mas até ele, suponho, pode-se dizer que cumpriu as expectativas). De todo modo, com algumas poucas exceções, eles permanecem espantosamente homogêneos enquanto grupo: talentosos, difíceis e curiosamente provincianos.

Na minha época, Paris era o centro intelectual do mundo. Hoje em dia, sente-se marginalizada no debate internacional. Os intelectuais franceses ainda causam impacto, mas a luz que emitem chega a nós de um sol distante — talvez já extinto. Sintomaticamente, os jovens franceses ambiciosos, rapazes e moças, preferem a École Normale Nationale d'Administration: passagem obrigatória para burocratas em desenvolvimento. Ou fazem cursos de economia e finanças. Os jovens *normaliens* continuam brilhantes como sempre, mas desempenham um papel pequeno na vida pública (Finkielkraut, Glucksmann, Bruckner e Kristeva não estudaram na École). Parece uma pena. O brilho intelectual não era o único trunfo francês, mas — a exemplo da própria língua, outro patrimônio em declínio — distinguia o país. É bom para os franceses se tornarem como nós, ou pelo menos parecidos?

Relembrando minha época na Normale Sup', recordo-me de um engenheiro (formado na École Polytechnique, o equivalente da Normale para ciências aplicadas), que foi enviado pelo rei, em 1830, para observar os testes de "Rocket", a locomotiva de George Stephenson para a recém-inaugurada ferrovia Manchester-Liverpool. O francês, sentado ao lado dos trilhos, fez muitas anotações enquanto a pequena locomotiva levava e trazia com eficiência o primeiro trem entre as duas cidades. Depois de calcular de forma conscienciosa o que tinha acabado de observar, ele relatou suas conclusões para Paris: "O negócio é impossível", escreveu. "Não vai funcionar." Pronto, *ali* estava um intelectual francês.

XIV

Revolucionários

Nasci na Inglaterra, em 1948, tarde o sufuciente para o serviço militar obrigatório, encerrado anos antes, mas a tempo de conhecer os Beatles: tinha 14 anos quando eles lançaram *Love Me Do*. Três anos depois apareceram as primeiras minissaias: eu já era velho o bastante para apreciar suas virtudes, e jovem o bastante para tirar proveito delas. Cresci numa era de prosperidade, segurança e conforto — e, portanto, ao completar 20 anos, em 1968, me rebelei. Como tantos jovens do *baby boom*, eu me conformei com o meu não conformismo.

Sem dúvida, os anos 1960 foram uma bela época para se ser jovem. Tudo parecia estar mudando num ritmo sem precedentes, e tínhamos a impressão de que o mundo pertencia aos jovens (uma observação estatisticamente comprovável). Por outro lado, ao menos na Inglaterra, a transformação podia ser enganosa. Como estudantes, nos opúnhamos ruidosamente ao apoio do governo Trabalhista à guerra do Vietña de Lyndon Johnson. Lembro-me de pelo menos um protesto do tipo em Cambridge, após um discurso de Denis Healey na cidade, na época ministro da Defesa. Perseguimos o carro dele até a saída da cidade — uma amiga minha, hoje casada com o alto representante da União Europeia para a política externa, subiu no capô e esmurrou o para-brisa, furiosa.

Só depois que Healey foi embora nos demos conta de como já era tarde — o jantar na faculdade começaria a ser servido em poucos minutos, e não queríamos perdê-lo. Ao voltar para o centro, quando reparei, caminhava a passos largos ao lado de um policial fardado designado para monitorar a multidão. Trocamos olhares. "Acha que a manifestação foi boa?" Ele respondeu sem hesitar nem estranhar a questão: "Creio que foi tudo muito bem, senhor."

Cambridge, sem dúvida, ainda não estava pronta para a revolução. Nem Londres: na famosa manifestação em Grosvenor Square, na frente da embaixada dos Estados Unidos (mais uma vez, por causa do Vietnã — como a maioria dos meus contemporâneos, eu me mobilizava com mais disposição contra injustiças cometidas a milhares de quilômetros dali), espremido entre um entediado cavalo da polícia e a cerca da praça, senti uma sensação quente e úmida na perna. Incontinência? Ferimento sangrando? Não dei sorte. A bomba de tinta vermelha que eu pretendia jogar na direção da embaixada estourara no meu bolso.

Naquela mesma noite, fui jantar com minha futura sogra, uma senhora alemã de modos impecavelmente conservadores. Duvido que sua visão cética a meu respeito tenha mudado quando bati na casa dela coberto com uma substância vermelha pegajosa da cintura para baixo — ela já estava assustada por ter descoberto que a filha estava namorando um daqueles esquerdistas cabeludos que cantavam "Ho, Ho, Ho Chi Minh", os quais vira na televisão, com algum desgosto, naquela tarde. Claro, eu teria preferido que fosse sangue, e não tinta. Para *épater la bourgeoisie.*

Para viver a revolução de verdade, íamos para Paris, claro. Como tantos amigos e colegas, eu viajei para lá na primavera de 1968, para observar — e inalar — a genuína revolta. Ou, pelo menos, uma imitação bem fiel da versão genuína. Ou, ainda, nas palavras céticas de Raymond Aron, um psicodrama representado no palco onde um dia encenaram a peça genuína. Como Paris havia sido o local de uma revolução — e, de fato, boa parte de nossa compreensão visual do termo deriva do que acreditamos saber dos eventos transcorridos ali entre os anos 1789 e 1794 —, por vezes era difícil distinguir entre política, paródia, pastiche e... atuação.

Por determinada perspectiva, tudo estava como devia: paralelepípedos de verdade, problemas reais (ao menos para os participantes), violência real, e ocasionalmente vítimas reais. Mas, num outro nível, nada parecia muito sério: mesmo quando eu me esforçava muito, não dava para acreditar que abaixo do calçamento havia a praia (*sous les pavés la plage*), e que uma comunidade estudantil que se revelava descaradamente obcecada pelas viagens nas férias de verão — no meio das manifestações e debates falava-se muito nas temporadas em Cuba — pretendia derrubar seriamente o presidente Charles de Gaulle e a Quinta República. Mesmo assim, os filhos dos franceses estavam nas ruas, e muitos comentaristas queriam acreditar que isso era possível e exibiam muito nervosismo.

Nada ocorreu, se usarmos parâmetros sérios, e todos voltamos para casa. Na época, considerei Aron injustamente desdenhoso — sua dispepsia provocada pelo entusiasmo adulador de alguns de seus colegas professores, arrebatados pelos clichês utópicos e insossos de seus jovens e atraentes alunos, e ávidos para aderir a eles. Hoje eu estaria inclinado a compartilhar seu desdém, mas na época ele me pareceu um pouco exagerado. O que mais parecia incomodar Aron era que todos se *divertiam*. Por mais brilhante que fosse, não conseguiu perceber que, embora se divertir não seja a mesma coisa que fazer uma revolução, muitas revoluções realmente começaram com risos e divertimento.

Um ano ou dois depois, fui visitar um amigo que estudava numa universidade alemã — Göttingen, creio. "Revolução" na Alemanha significava algo bem diferente. Ninguém estava se divertindo. Para a visão inglesa, todos pareciam indescritivelmente sérios — e escandalosamente preocupados com sexo. Aquilo era novidade: os estudantes ingleses pensavam muito em sexo, mas o praticavam pouquíssimo; os estudantes franceses, mais ativos sexualmente (minha impressão), mantinham uma boa separação entre sexo e política. Exceto pela exortação ocasional do "faça amor, não faça a guerra", sua atuação política era intensamente, quase absurdamente, teórica e árida. As mulheres participavam — quando participavam — fazendo café e dormindo com os militantes (e como papagaio de pirata, acessórios visuais para deleite dos fotógrafos da imprensa). Não admira o surgimento do feminismo radical logo depois.

Contudo, na Alemanha, a política tratava de sexo — e o sexo, em grande parte, da política. Descobri assombrado, ao visitar um dormitório coletivo alemão (todos os estudantes alemães que conheci, pelo jeito, moravam em comunidade, compartilhando apartamentos grandes e antigos e as parceiras uns dos outros), que meus contemporâneos da Bundesrepublik realmente acreditavam em sua própria retórica. Uma abordagem rigorosamente livre de complexos no caso do sexo casual era, segundo eles, a melhor maneira de se livrar das ilusões a respeito do imperialismo americano — e representava uma purificação da herança nazista dos pais, caracterizada pela repressão sexual mascarada de machismo nacionalista.

A noção de que um sujeito de 21 anos na Europa Ocidental pudesse exorcizar a culpa dos pais se livrando da roupa e das inibições (e de sua parceira) — desfazendo-se metaforicamente dos símbolos da tolerância repressiva — pareceu um tanto suspeita a meu esquerdismo inglês empírico. Mas que sorte o antinazismo exigir — na verdade, ser definido por — orgasmos múltiplos. E, pensando bem, quem era eu para reclamar? Um universitário de Cambridge em cujo universo político habitavam policiais educados e a consciência limpa de um país vitorioso e que não sofreu ocupação talvez não fosse o sujeito mais indicado para avaliar as estratégias purificadoras alheias.

Eu talvez tivesse me sentido um pouco menos superior se soubesse o que andava acontecendo a uns 400 quilômetros a leste. O que revela a respeito do mundo na Europa Ocidental hermeticamente fechada por causa da Guerra Fria o fato de eu — estudante de história instruído, descendente de judeus da Europa Oriental, à vontade em

O CHALÉ DA MEMÓRIA

diversos idiomas, conhecedor da minha metade do continente graças a viagens constantes — ignorar completamente os eventos cataclísmicos que se desenrolavam na Polônia e na Checoslováquia naquele período? A revolução me atraía? Por que não ir a Praga, inquestionavelmente o lugar mais excitante da Europa de então? Ou a Varsóvia, onde meus jovens contemporâneos corriam risco de expulsão, exílio e prisão por suas ideias e ideais?

O que nos revela sobre as ilusões de Maio de 68 o fato de eu não me lembrar de uma única menção à Primavera de Praga, e muito menos do levante dos estudantes poloneses, em nossos debates mais sinceramente radicais? Se tivéssemos sido menos provincianos (a quarenta anos de distância, o nível da intensidade com que discutíamos a injustiça do horário de fechamento dos portões da faculdade é meio difícil de expressar), teríamos deixado uma marca mais duradoura. Do jeito que foi, avançávamos noite adentro debatendo a Revolução Cultural da China, os levantes mexicanos e até as ocupações da Columbia University. Mas, exceto pelo alemão desdenhoso ocasional, que ficava contente em ver no Dubček da Checoslováquia apenas mais um reformista vira-casaca, ninguém falava na Europa Oriental.

Ao olhar para trás não posso evitar a sensação de que perdemos o barco. Marxistas? Então, por que não estávamos em Varsóvia discutindo os derradeiros fragmentos do revisionismo comunista com o grande Leszek Kolakowski e seus alunos? Rebeldes? Em que causa? A que preço? Mesmo aqueles poucos espíritos corajosos que eu conhecia, desventurados o bastante para passar uma noite na cadeia, costumavam voltar para casa na hora do almoço. O que sabíamos a respeito da bravura exigida de estudantes que tinham de suportar semanas de interrogatório nas prisões de Varsóvia, seguidos por sentenças de um, dois ou três anos de detenção, por terem reivindicado direitos que colegas como nós consideravam conquistados?

Apesar de todas as nossas teorias de história eloquentes, deixamos de notar um dos momentos decisivos seminais. Foi em Praga e Varsóvia, nos meses de verão de 1968, que o marxismo caiu por terra. Coube aos estudantes rebeldes da Europa Central minar, desacreditar e derrubar não apenas alguns regimes comunistas arruinados mas também a própria ideia de comunismo. Se tivéssemos nos preocupado um pouco mais com o destino das ideias que brandíamos com tanta ostentação, teríamos talvez prestado mais atenção às ações e opiniões daqueles que foram criados na sua sombra.

Ninguém deve sentir culpa por nascer no lugar certo na hora certa. Nós, no Ocidente, pertencíamos a uma geração sortuda. Não mudamos o mundo; a bem da verdade, o mundo mudou obsequiosamente para nós. Tudo parecia possível: ao contrário dos jovens de hoje, nunca duvidávamos de que haveria um emprego interessante para nós, e por isso não precisávamos perder tempo com cursos degradantes como o de administração e negócios. A maioria seguia carreira na educação, ou entrava para o funcionalismo público. Concentrávamos nossa energia na discussão sobre o que havia de errado no mundo e em como transformá-lo. Protestávamos contra as coisas de que não gostávamos, e estávamos certos em fazer isso. Aos nossos próprios olhos, pelo menos, éramos uma geração revolucionária. Pena que tenhamos deixado escapar a revolução.

XV

Trabalho

Sempre quis ser historiador. Aos 12 anos comecei a calcular quanto tempo necessitaria para tirar o diploma. De que forma os historiadores ganham a vida? O único que minha família conheceu foi A. J. P. Taylor — embora presumisse que ele fosse remunerado pelos programas didáticos de televisão que apresentava com estilo, nunca imaginei que a maioria dos historiadores vivia disso. Como fazer uma "carreira" em história? Sério mesmo, como alguém "faz carreira"? Planejamos tudo, começando na puberdade? Ou tudo simplesmente acontece? E se não acontecer? Sei que tenho futuro, de algum modo, mas até chegar lá eu precisava ganhar dinheiro.

Meu primeiro emprego foi no departamento musical da W. H. Smith Booksellers, uma livraria londrina: aos 14 anos só me era permitido trabalhar aos sábados. A maior atração da loja era April, de 17 anos. Ela atendia no balcão e lembrava a jurada Janice, uma celebridade nacional efême-

TRABALHO

ra dos programas de música pop que consagrou o seguinte bordão, para o quadro de calouros, ao dar nota máxima para um concorrente: *"Oi'll give it foive!"* ["Eu dou nota cinco!"]

Vivíamos ainda na BBE — Before Beatles Era (era antes dos Beatles) —, e as prateleiras estavam cheias de fugazes imitadores de Elvis. Os americanos — Gene Vincent, Eddie Cochrane — eram um pouco melhores do que seus equivalentes ingleses (Cliff Richard, que já era uma piada, Adam Faith e mais uma dúzia de esquecidos). Só uma pequena minoria apreciava jazz, praticamente todos desconheciam a folk music — pelo menos na Putney High Street, onde eu trabalhava. Em 1962, os anos 1950 continuavam firmes.

Quatro anos depois, tendo garantido minha vaga em Cambridge, larguei o curso médio e consegui lugar num cargueiro para Israel, trabalhando a bordo para pagar a passagem. A embarcação passaria pelo canal de Kiel, que corta a península de Holstein, alguns quilômetros ao norte de Hamburgo. Cargueiros menores têm horários irregulares — quando cheguei às docas de Kiel, não vi o *Hechalutz* (a caminho de Gdansk): era "esperado" no porto. Hospedei-me numa pensão local e mantive o porto e os canais sob vigilância constante.

Kiel era deprimente. Consertaram os estragos provocados pela guerra, mas o resultado — como ocorria com frequência na Alemanha do pós-guerra — foi um espaço urbano sem charme, despojado de história e variedade. A pensão não me agradou: expulsavam os hóspedes depois do café da manhã, e só deixavam que voltássemos ao anoitecer. Meu dinheiro foi roubado por um dos hóspedes; nas visitas noturnas às docas, enquanto esperava a maré

O CHALÉ DA MEMÓRIA

alta que permitia a entrada dos navios, eu me fartava de sanduíches de salsicha — cortesia de um simpático dono de carrinho de lanches. O *Hechalutz* finalmente surgiu da névoa do Báltico. Num momento de indulgência, com os ombros recurvados para me proteger do vento, eu me achei o próprio Gabin no filme de Marcel Carné: *Cais das Sombras*, talvez.

O capitão me cumprimentou, desconfiado. Meu nome constava no manifesto, mas ele não fazia a menor ideia de como empregar um passageiro de 18 anos. "O que você sabe fazer?" Perguntou. "Bem", respondi, "falo francês, alemão e um pouco de hebraico", como se estivesse sendo entrevistado para uma vaga de tradutor. "Eu também; *az ma* (e daí)?" Foi a resposta desdenhosa. Ele mandou que me mostrassem minha cabine e que me apresentasse na sala de máquinas na manhã seguinte. Ali, pelas quatro semanas seguintes, trabalhei no turno das 8 às 16 horas, ao som ensurdecedor dos pistões. Um motor a diesel de um navio oceânico funciona praticamente sozinho: havia apenas um engenheiro de serviço, para supervisionar mostradores, registros, alavancas — e eu. O maquinário soltava uma névoa fina de graxa. Meu serviço era limpar tudo.

Nos primeiros dias alternei a limpeza dos tanques de diesel com vomitar na nevasca do mar do Norte. Depois me aclimatei. Não tinha escolha — trabalhar no convés estava fora de cogitação. O imediato (um israelense carrancudo que parecia um tanquinho) ordenou que eu rolasse alguns barris para um local protegido, antecipando a aproximação de uma ventania. Não consegui movê-los e fui despachado outra vez para as tarefas subterrâneas. Na última noite de viagem, o capitão me chamou e confessou rudemente sua surpresa: "Pensei que não fosse aguentar." Eu também, silenciosamente concordei.

Ser mão de obra não qualificada num navio tinha suas compensações. Eu passava o turno da noite na ponte, com o terceiro oficial, mais velho do que eu uns poucos anos, ouvindo música pop de rádios piratas que transmitiam a partir da Espanha, de Portugal e do Marrocos, enquanto o navio pequeno enfrentava as tempestades e as ondas imensas do leste do Atlântico. Em Chipre conheci as "melhores garotas de Famagusta", e na mesma noite (como o mais jovem a bordo), raspei o bigode e me vesti como "a melhor garota do *Hechalutz*", para divertimento da tripulação, que demonstrou um entusiasmo meio suspeito. Parte de minha educação sentimental.

De volta para casa, trabalhando numa olaria de Sussex, reformulei minha visão do trabalho braçal: não vi nada de nobre no serviço pesado sem especialização. Duro, sujo e normalmente mal pago; o incentivo para fugir da supervisão, poupar esforços e fazer o mínimo é racional e irresistível. Assim que pude troquei a olaria pelos serviços de motorista: semiespecializado — embora mal pago — permitia ao menos autonomia e privacidade. Entre 1966 e 1970 trabalhei em diversas empresas, entregando tapetes, material de almoxarifado e mantimentos domésticos.

Repensando meus dias de entregador de secos e molhados no sul de Londres, a frugalidade dos pedidos me espanta. Uma residência típica adquiria dois caixotes de produtos por semana, no máximo. A dona de casa comprava o restante no bairro, na quitanda, na loja de laticínios, no açougue e no aviário. Supermercados eram praticamente desconhecidos. Compras volumosas não faziam sentido, pois a maioria das pessoas possuía refrigeradores pequenos, isso quando os tinha. Eu saía na perua Morris verde, com o sobrenome do dono da mercearia pintado na lateral, e conseguia entregar até duas dúzias de pedidos por dia. Hoje, uma visita típica ao mercado lotaria a peruinha Morris com os produtos consumidos semanalmente numa única residência.

No final dos anos 1960, por dois verões, abandonei a perua para me tornar guia, acompanhando estudantes americanos em passeios pela Europa Ocidental. O salário era regular, os benefícios, especiais. Na época, as moças de família americanas não viajavam sozinhas para o exterior; os pais preferiam dar como presente de formatura férias na Europa em excursão com outras boas moças, sob supervisão de um acompanhante confiável.

A companhia para a qual eu trabalhava orgulhava-se de empregar apenas universitários de Oxbridge: por algum mistério éramos os únicos capacitados a acompanhar um grupo de quarenta estudantes americanos em nove semanas de férias. Todas as moças dessas excursões eram universitárias ou recém-formadas, mas nenhuma delas viajara para fora dos Estados Unidos. Não conheciam nem os pontos mais famosos da Europa (Paris, Londres, Roma).

Certa noite, no Waldstätterhof Seehotel, no lago Lucerna, uma participante da excursão me acordou às cinco da manhã, apavorada. "Venha logo, alguém está tentando entrar à força no quarto de Lizbeth!" Dois andares abaixo, o porteiro noturno esmurrava a porta do quarto, furioso, vociferando de maneira incoerente um nome masculino. Eu o empurrei para o lado, anunciei minha presença e abriram

TRABALHO

a porta. Lizbeth, sentada na cama, não usava praticamente nada. "Ele vai nos matar!", sussurrou. Nos matar? Ela apontou para o guarda-roupa, do qual saiu um rapaz louro de cueca: o subchefe do hotel. "É a mim que ele quer", explicou o rapaz envergonhado, em alemão. Expliquei a situação a sua amiga americana, que não escondeu o profundo assombro. "Alguns homens são atraídos por outros homens", esclareci. Magnificamente indiferente a sua aparência no diáfano peignoir, Lizbeth me encarou, revoltada: "Em Biloxi não tem nada disso."

Estávamos em julho de 1968. Em Munique, mais tarde, naquele mesmo mês, orientei o motorista do ônibus a nos levar para o memorial de Dachau. Horst recusou-se, com firmeza: nada interessante para ver por lá, garantiu, e além do mais tudo não passa de propaganda americana. O Holocausto e os campos de extermínio ainda não eram uma referência moral universal, e não havia homossexuais no Mississippi. Tudo tinha acontecido havia muito tempo.

Meu último emprego foi no Blue Boar, um hotel que agraciava o centro de Cambridge. Responsável pelo café da manhã, eu trabalhava na cozinha das 5h30 até a equipe do almoço chegar. Não havia estudantes estrangeiras, mas no geral é o serviço não acadêmico ideal. Como intelectuais checos consignados para a manutenção de caldeiras nos anos de "normalização" (no meu caso, por escolha própria), eu considerava meu trabalho ideal para leituras sérias. Entre o preparo das torradas e do café, entre fritar ovos e servi-los para caixeiros-viajantes e pais visitantes, eu li grande parte da bibliografia necessária a minha tese de doutorado. Depois que se pega prática, atuar como cozinheiro de comida rápida faz mais do que nos permitir ter uma vida intelectual: a facilita.

Por outro lado, as tarefas acadêmicas monótonas e cansativas normalmente impostas a pesquisadores bolsistas — lecionar história para o curso médio, assessorar conferencistas e ministrar provas (cumpri todas elas) — ocupam a mente sem oferecer nenhuma satisfação intrínseca. Conseguimos desenvolver raciocínios complexos enquanto circulamos pelos subúrbios com um caminhão de tapetes; entretanto, varar a noite corrigindo provas, página por página, deixa pouco espaço para o resto.

Fui direto do Blue Boar para uma bolsa no King's College, em Cambridge. Não havia nada de inevitável nisso: eu havia sido rejeitado em todos os programas de bolsas de estudo em que me inscrevi, e teria de arranjar um emprego fixo de um tipo bem diferente se King's não me socorresse. Minha sorte no episódio forneceu um esclarecimento importante sobre a precariedade das carreiras: tudo poderia ter sido diferente.

Duvido que eu fosse passar o resto da vida preparando torradas no Blue Boar, entregando tapetes ou limpando motores a diesel. Não seria provável nem que eu fizesse carreira ciceroneando moças em passeios pela Europa, por mais tentador que fosse. Mas parecia que só me restava recorrer a uma ou várias atividades do gênero por um período indefinido — uma possibilidade que me deixou distintamente solidário aos que, por razões ligadas ao acaso ou infortúnio, se encontram do lado errado da linha.

Continuamos presos à noção da era industrial de que a profissão nos define: mas isso não corresponde à verdade

TRABALHO

para a imensa maioria das pessoas de hoje. Se vamos invocar clichês do século XIX, melhor recorrer a *O Direito à Preguiça*, no qual Paul Lafargue, genro de Marx, sugere que a vida moderna oferecerá cada vez mais oportunidades de definição por meio do lazer e dos passatempos. O mero emprego felizmente ocupará um papel menor.

Acabei fazendo o que sempre quis fazer — e sendo pago para isso. A maioria das pessoas não é tão afortunada. Empregos, em sua maioria, são tediosos: não enriquecem nem sustentam. Mesmo assim (como nossos antecessores vitorianos), voltamos a encarar o desemprego como uma condição vergonhosa: algo semelhante a uma falha de caráter. Especialistas bem pagos apressam-se em dar lições às "rainhas da previdência" sobre a torpeza moral da dependência econômica, a impropriedade dos benefícios públicos e a virtude do trabalho duro. Deviam tentar isso em algum momento.

XVI

Meritocratas

Meu curso no King's College de Cambridge começou em 1966. A nossa foi uma — talvez *a* — geração transicional. Metade da década transcorrera — os Mods surgiram e sumiram, os Beatles iam gravar *Sgt. Pepper* —, mas o King's onde me matriculei ainda mantinha suas tradições estritas. O jantar formal compulsório no Hall exigia traje social. Os estudantes ocupavam seus lugares, esperavam a chegada dos mestres e se levantavam para saudar a longa fila de cavalheiros idosos que passavam por eles com seu passo arrastado, a caminho da mesa principal.

"Idoso", no caso, não é modo de dizer. Liderados pelo ex-reitor, sir John Shepherd (nascido em 1881), os mestres eméritos eram pessoas como sir Frank Adcock (nascido em 1886), E. M. Forster (nascido em 1879) e outros igualmente veneráveis. Percebia-se imediatamente o vínculo entre a geração mais jovem, nascida no Estado de bem-estar social do pós-guerra, e o mundo vitoriano tardio de King's: a era de Forster, Rupert Brooke e John Maynard Keynes, exibindo uma autoconfiança cultural e social que jamais alcançaríamos. Os velhos mestres pareciam se mesclar com perfeição aos retratos desbotados nas paredes: sem que ninguém precisasse apontar, a continuidade nos rodeava por todos os lados.

Contudo, formamos um grupo pioneiro. Na época da formatura muitas coisas que encontramos ao chegar — capas, capuzes, fechamento noturno dos portões e um livro inteiro de regulamentos minuciosos — não passavam de divertida nostalgia. No primeiro ano, como jogador de rúgbi entusiasmado e medíocre, segui com o time para Oxford a fim de jogar (e perder) para o New College. Voltamos tarde, por conta de uma tentativa parcialmente bem-sucedida de desmontar um dos mictórios dos adversários e da neblina outonal. Encontrei a porta de meu alojamento trancada, e eu não tinha um "passe noturno". Joguei pedras na janela de um amigo até acordá-lo, e ele desceu apavorado: "O encarregado não pode ouvir nada!" Nem precisa dizer que seria difícil explicar o caso a um aluno de King's hoje; mas teria sido igualmente implausível para quem entrou dois anos depois de nós. A mudança ocorreu de repente.

King's orgulhava-se do entusiasmo com que adotava mudanças e rupturas radicais. Os veteranos explicavam aos calouros que portões trancados e regras disciplinares deviam ser tratados com uma piscada de olho e um movimento de cabeça. Podia ser um tanto rude para os porteiros e encarregados de zelar pelo cumprimento das regras — uma introdução precoce às sutilezas da pirâmide social em Cambridge: sendo boêmios de classe média, embora mais na aparência do que no estilo de vida, em geral os funcionários da faculdade sorriam benevolentes quando as regras que deveriam impor eram desobedecidas.

A faculdade também se responsabilizou pela instalação de um novo e horrível bar para os estudantes, inaugurado pouco depois da chegada de minha turma. Defensores do estilo contemporâneo em tudo, os dirigentes aprovaram um projeto que se assemelhava ao salão de embarque do aeroporto de Gatwick. Aliás, foi essa a razão para a escolha: King's (fundada em 1441) não devia se acomodar na tradição, especialmente após a admissão de muitos jovens para quem o ambiente elitista de Oxbridge nada significava. Como um dos "novos" em King's — primeiro na família a completar o curso médio e entrar numa faculdade — posso afirmar que teria preferido o ambiente carregado de um clube masculino do século XIX à cópia sem classe que era aquele bar. Ainda bem que a experiência não se multiplicou. A faculdade mantinha confiança suficiente para oferecer aos estudantes um senso reconfortante de continuidade e identidade.

Para mim, do sul londrino, que nunca estivera ao norte de Leicester, nossa geração em King's não era apenas socialmente diversificada, como geograficamente heterogênea. Pela primeira vez na vida conheci sujeitos de Wirral, Yorkshire, Tyneside, East Anglia e regiões célticas. Em larga medida provinham, como eu, da classe média em ascensão que frequentava escolas públicas gratuitas selecionadas: devíamos à Lei de Educação de Butler de 1944 a nossa presença em Cambridge, embora para alguns de nós o abismo social a ser transposto fosse realmente substancial.

MERITOCRATAS

A mãe de John Bentley, primeiro aluno de escola pública compreensiva a entrar em King's,[1] explicou a meus pais na festa de formatura que sentia vontade de responder às pessoas que encontrava na rua e perguntavam onde o filho vivia e o que fazia que ele "voltara ao reformatório de Borstal",[2] uma resposta mais convincente e respeitável do que a confissão de que o filho passeava com garotas nos gramados e parques de Cambridge conhecidos como The Backs.

Com certeza em algum lugar da faculdade situavam-se os enclaves dos rapazes das escolas particulares da elite; seriam maioria? Mas eu só fiquei próximo de um sujeito assim, meu vizinho Martyn Poliakov, sobrinho-neto do Poliakov que construiu as ferrovias russas, um rapaz excêntrico de cabelo espetado, vindo da Westminster School, e que depois conseguiu a cobiçada comenda real CBE, tornou-se membro da Real Society e granjeou merecida fama como divulgador da química entre os jovens. Nada a ver com os aristocratas típicos.

A minha King's era a própria encarnação da Grã-Bretanha meritocrática do pós-guerra. A maioria dos alunos estava lá graças a boas notas nos exames e, em larga medida, procurávamos ocupações adequadas a nossos interesses e talentos anteriores. O grupo de jovens que entrou na faculdade em 1966 se destacou pela escolha da carreira: mais do que qualquer outra turma, anterior ou posterior, optamos por educação, serviço público, jornalismo de alto nível, artes e atividades pouco lucrativas entre as profissões liberais.

Portanto nada mais apropriado que o economista mais promissor da nossa geração — Mervyn King — tenha chegado a diretor do banco central britânico, o Banco da Inglaterra, e não a banqueiro de investimentos ou administrador de fundos. Antes da nossa época os formados talentosos de King's sem dúvida seguiam carreiras do tipo. Mas uma espiada nos obituários das gerações anteriores revelam que muitos assumiam as empresas da família ou as profissões tradicionais de seus pais e avôs.

Para quem chegou depois, é deprimente verificar a rapidez e a quantidade de formados desde os anos 1970 que se dedicaram aos bancos privados, comércio e ramos bem remunerados do direito. Talvez não se possa culpá-los; em nossa época os empregos ainda abundavam, e pudemos desfrutar os últimos suspiros da prosperidade do pós-guerra. Mesmo assim, é claro que nossas afinidades eletivas encontravam-se em outras atividades.

Eu costumava perguntar a meus contemporâneos o motivo para a escolha de King's. Um número surpreendente de colegas meus não dava uma resposta clara: escolheram por causa do nome, da admirável capela ou por soar muito distinto. Um punhado — em sua maioria economistas — declarara ter sido por causa de Keynes. Mas eu fui aconselhado a tentar King's por razões muito específicas. Rebelde, na escola — que abandonei no segundo ano da Sixth Form* — recebi dos professores a garantia de que nenhuma outra faculdade de Oxbridge me daria uma chance. Mas King's, na opinião deles, era suficientemente excêntrico para me considerar um candidato aceitável. Eu não faço ideia de como outras faculdades teriam lidado com minha ambição. Felizmente, não precisei descobrir.

---

* No sistema educacional da Inglaterra, são os dois últimos anos da escola secundária (quando os estudantes têm entre 16 e 18 anos de idade). (N. do T.)

MERITOCRATAS

O ensino na faculdade era idiossincrático. A maioria dos meus supervisores — John Saltmarsh, Christopher Morris e Arthur Hibbert — eram obscuros, publicavam pouco, e só eram conhecidos pelas gerações de alunos da King's. Graças a eles, não adquiri apenas uma pátina de autoconfiança intelectual, mas também um duradouro respeito por professores indiferentes à fama (e fortuna), e a qualquer consideração além da poltrona da supervisão.

Nunca nos ensinaram com a meta específica de obter uma boa avaliação nos Tripos — os exames finais de Cambridge. Meus supervisores não se interessavam por performances públicas de qualquer tipo. Não que fossem indiferentes ao resultado dos exames; eles simplesmente consideravam favas contadas que nosso talento natural se encarregaria de tudo. É difícil imaginar alguém assim hoje, no mínimo por fazer à faculdade um terrível desserviço financeiro perante os órgãos avaliadores, pelos quais o governo britânico avalia a "produção acadêmica", pautando a distribuição de verbas conforme o resultado.

Eu talvez não seja o mais indicado para avaliar King's nos anos 1960. Continuei lá com bolsa por seis anos depois de formado, até mudar para Berkeley, em 1978: minhas lembranças foram obscurecidas pelos eventos posteriores. Seguiu-se ao período do reitor Noel Annan — de 1956 a 1966 — a era de Edmund Leach (1966-1979) em King's, o antropólogo da escola de Lévi-Strauss mundialmente famoso. A confiança inabalável da geração de Annan[3] daria lugar a certo distanciamento irônico: não sentíamos, no caso do reitor Leach, que ele acreditava ou

140

se preocupava profundamente com a faculdade enquanto baluarte do que havia de melhor no reformismo liberal eduardiano. Para ele, isso não passava de mais um mito à espera de interpretação.

Contudo, Leach se destacava — mais do que Annan, e certamente mais do que o intelectualmente medíocre John Shepherd — pelo brilhantismo: a diferença se acentuou quando Leach foi substituído pelo incomparável Bernard Williams. Participei como membro júnior do College Fellowship Electors, o colégio eleitoral dos professores, com Williams, John Dunn, Sydney Brenner (ganhador do prêmio Nobel de Medicina), sir Frank Kermode, Geoffrey Lloyd (o historiador de ciência antiga) e sir Martin Rees (o Astrônomo Real). Nunca perdi a noção de que *aquilo* era aprendizado: sagacidade, abrangência e, acima de tudo, a capacidade (como Forster colocou, em diferente contexto) de conexão.

Minha maior dívida, embora não tivesse percebido isso totalmente na época, foi para com Dunn, então jovem pesquisador da faculdade, hoje professor emérito respeitado. Foi John quem — durante uma longa conversa sobre o pensamento político de John Locke — derrubou meu marxismo adolescente teimoso e me apresentou aos desafios da história intelectual. Ele fez isso usando o simples recurso de ouvir atentamente o que eu dizia, considerando tudo com profunda seriedade, em seus próprios termos, e depois desconstruindo meu raciocínio de forma gentil e firme, de um modo que eu tanto respeitava quanto aceitava.

Isso é ensinar. Também inclui certa dose de liberalismo, do tipo cordial, que trata com boa-fé opiniões discordantes (ou apenas equivocadas) de um amplo espectro político. Sem dúvida esta amplitude intelectual tolerante não se restringia a King's. Mas quando ouço amigos e colegas descreverem suas experiências em outras instituições, às vezes acho isso. Palestrantes de outras faculdades soavam às vezes descompromissados e apressados, ou então profissionalmente ensimesmados, no estilo dos departamentos acadêmicos norte-americanos menos cotados.

Hoje em dia isso vale para King's ainda mais do que no meu tempo. Assim como em muitos outros aspectos, creio que nossa geração foi afortunada: tivemos o melhor dos dois mundos. Promovidos por mérito a uma classe e cultura que se despediam, conhecemos Oxbridge pouco antes da decadência — pela qual minha geração, que chegou ao poder em seguida, pode ser largamente responsabilizada, admito.

Por quarenta anos a educação na Grã-Bretanha sofreu uma série catastrófica de "reformas" destinadas a tolher seu legado elitista e institucionalizar a "igualdade". A tragédia provocada na educação superior foi bem resumida por Anthony Grafton em sua revista,[4] mas o pior estrago ocorreu no nível médio. Com a intenção de destruir as escolas públicas seletivas que permitiram a minha geração uma educação gratuita de primeira, os políticos promoveram nas escolas públicas um sistema compulsório de nivelamento por baixo.

O resultado, previsível desde o início, foi que as escolas particulares de qualidade floresceram. Pais desesperados pagam mensalidades substanciais para livrar os filhos das escolas estaduais disfuncionais; as universidades sofrem uma

O CHALÉ DA MEMÓRIA

pressão intensa para admitir candidatos sem qualificação, vindos do curso médio ruim, e acabam por baixar o nível de exigência; cada governo implantou reformas que buscavam compensar as "iniciativas" fracassadas de seus predecessores.

Hoje, quando o governo britânico impõe que cinquenta por cento dos formados no nível médio cursem uma universidade, a brecha que separa a qualidade da educação recebida pela minoria que frequenta escolas particulares do restante da população é a maior desde os anos 1940. Seus alunos superam os colegas educados em instituições do governo por larga margem — um segredo revoltante que ninguém gosta de admitir, mas que provoca pânico nos governos do Novo Trabalhismo. Chega a ser curioso criticar as escolas particulares por prosperarem no sistema de mercado, enquanto os banqueiros são regiamente recompensados por fazerem o mesmo.

Sucessivos ministros da Educação autorizaram a instalação e estimularam "academias", reintroduzindo furtivamente (com ajuda de investimentos privados) o próprio processo de seleção cuja abolição, visando a igualdade, eles antes proclamavam com orgulho. Por isso temos hoje mais ministros formados em escolas particulares no Gabinete britânico do que nas décadas anteriores (17, pelas minhas contas) — e o primeiro ex-aluno de Eton a se tornar primeiro-ministro desde 1964. Teria sido melhor dar continuidade à meritocracia.

Em minhas visitas ocasionais a Cambridge, o ar de dúvida e declínio me choca. Oxbridge certamente não resistiu à moda demagógica: o que começou como autogozação irônica nos anos 1970 ("Temos em King's quinhentos anos de regras e tradições, mas não as levamos a sério, ha, ha!")

tornou-se uma genuína confusão. A preocupação honesta interna a respeito do igualitarismo que encontramos em 1966 pelo jeito decaiu até tornar-se uma obsessão em manter as aparências de um lugar no qual não existem critérios elitistas de seleção ou práticas socialmente excludentes de qualquer gênero.

Ignoro se algo pode ser feito a respeito. King's, a exemplo de grande parte da Grã-Bretanha contemporânea, tornou-se patrimônio histórico. Defende um legado de dissidência, repúdio ao convencionalismo e indiferença pela hierarquia: olhem para nós — não somos *diferentes*. Mas ninguém pode realizar seu potencial único sem ter desenvolvido uma noção bem fundamentada das qualidades que lhe dão distinção e valor. As instituições dependem de tradições firmes, e temo que King's — como Oxbridge de um modo geral — tenha perdido o vínculo com suas tradições.

Suspeito que tudo tenha começado precisamente nos anos de transição, em meados da década de 1960. Claro, na época não entendemos isso. Tínhamos tanto a tradição *quanto* as transgressões; a continuidade *e* a mudança. Todavia, o que legamos a nossos sucessores foi bem menos substancial do que nossa herança (uma verdade geral para a geração *baby-boom*). Liberalismo e tolerância, indiferença à opinião externa, orgulho pelas opções políticas progressistas: eram contradições compatíveis, mas só em uma instituição sem medo de afirmar sua forma particular de elitismo.

Universidades *são* elitistas: selecionam os mais capazes de uma geração e os instruem conforme suas habilidades — abrindo os horizontes da elite para renová-la. A igualdade de oportunidade e igualdade de resultado não são a mesma coisa. Uma sociedade dividida por riqueza e herança não pode redimir a injustiça camuflando-a nas instituições de ensino — negando distinções de capacidades, ou restringindo oportunidades por meio da seleção — enquanto promove um distanciamento cada vez maior, em nome da liberdade do mercado. Isso não passa de conversa fiada e hipocrisia.

Em minha geração nos considerávamos tanto radicais quanto membros de uma elite. Pode soar incoerente, mas é a incoerência de uma tradição liberal que absorvemos intuitivamente no decorrer dos anos de universidade. A incoerência do aristocrata Keynes ao fundar o Royal Ballet e o Arts Council, para benefício de todos, mas assegurando que fossem dirigidos pelos peritos no assunto. É a incoerência da meritocracia: dar chance a todos e então privilegiar os talentos. Era a incoerência de King's do meu tempo, e eu tive a sorte de experimentá-la.

1. As escolas secundárias sem processo de seleção, introduzidas recentemente, logo se tornaram universais e devem substituir toda a educação pública seletiva, de acordo com o projeto do governo Trabalhista.
2. Escola-reformatório para adolescentes criminosos.
3. Ver *Our Age: English Intellectuals Between the World Wars — A Group Portrait* (Random House, 1990), de Noel Annan. Trata-se de um relato inusitadamente confiante de uma geração que ainda não havia sido invadida pela autocrítica.
4. Anthony Grafton, "Britain: The Disgrace of the Universities", *The New York Review*, 8 de abril de 2010.

XVII

Palavras

Cresci entre palavras. Elas transbordavam da mesa da cozinha, espalhando-se pelo chão onde eu sentava: avô, tios e refugiados falavam russo, polonês, iídiche, francês e o que passava por inglês, lançando uns contra os outros cascatas de afirmações e interrogações competitivas. Destroços judiciosos do Partido Socialista da Grã-Bretanha da era eduardiana sobreviviam em nossa cozinha, promovendo a Grande Causa. Eu passava horas longas e felizes ouvindo autodidatas da Europa Central discutindo noite adentro: *Marxismus, Zionismus, Socialismus.* Conversar, me parecia, era o objetivo da existência adulta. Nunca abandonei esse conceito.

Na minha vez — e para encontrar meu lugar — eu também falava. Nas festas eu me lembrava das palavras, sabia usá-las e traduzi-las. "Ah, este vai ser advogado", diziam. "Vai convencer os passarinhos a descerem das árvores": bem que tentei fazer isso nos parques, inutilmente, antes de aplicar a frase em seu sentido cockney, na adolescência, sem muito sucesso. E logo superei a intensidade dos contatos poliglotas pela elegância do inglês da BBC.

Nos anos 1950 — quando cursava o ensino fundamental —, vigorava o ensino normativo da língua inglesa e seu uso correto. Os professores insistiam que mesmo uma pequena transgressão da sintaxe seria inaceitável. O "bom" inglês vivia seu apogeu. Graças ao noticiário cinematográfico e de rádio da BBC, havia normas nacionalmente aceitas para o uso adequado da língua. A autoridade de classe e região determinava não só como se dizia algo, mas também o tipo de coisa que era apropriado dizer. "Sotaques" (inclusive o meu) abundavam, sendo classificados conforme a respeitabilidade: tipicamente em função de posição social e distância geográfica de Londres.

Seduziu-me o brilho da prosa inglesa em seu apogeu evanescente. Chegávamos à era da instrução em massa, cujo declínio Richard Hoggart antecipara em seu melancólico ensaio *The Uses of Literacy* (Os usos da instrução), em 1957. Uma literatura de protesto e revolta ganhava força cultural. De *Lucky Jim* (Jim, o sortudo) a *Look Back in Anger* (peça que ficou conhecida no Brasil como *Geração em revolta*), e aos dramas "domésticos" do final da década, as barreiras classistas da respeitabilidade sufocante e da fala "correta" sofriam seguidos ataques. Mas os próprios bárbaros, em sua ofensiva contra a herança cultural, recorreram às cadências aperfeiçoadas do inglês que aprenderam: ao lê-los, jamais me ocorreu que, para se rebelar, alguém precisasse dispensar o bom uso da língua.

Quando cheguei à faculdade as palavras eram o meu "forte". Como observou um professor equivocado, eu possuía o talento de um "orador de fala macia" — combinava (como eu tentava me convencer) a confiança fornecida pelo meio com a postura crítica de alguém de fora. Os orientadores de Oxbridge recompensavam os alunos que dominavam a língua: o estilo neossocrático ("por que escreveu isso?" "o que quis dizer aqui?") estimula o solitário aprendiz a se explicar em detalhe, enquanto implicitamente prejudica o estudante tímido e meditativo, que prefere permanecer no fundo da sala. Minha fé na articulação em causa própria foi reforçada: não era apenas sinal de inteligência, era a inteligência em si.

Ocorreu-me que o silêncio do professor neste ambiente pedagógico era crucial? Com certeza, eu nunca defendi o silêncio, como estudante ou como professor. Alguns de meus colegas mais notáveis, com o passar dos anos, se recolheram, perdendo a capacidade de articulação nos debates e até nas conversas, pensando com muita cautela antes de se comprometerem. Invejo seu comedimento.

Em geral, considera-se a articulação um talento agressivo. Mas para mim sua função foi substancialmente defensiva: a flexibilidade retórica permite certa intimidade forjada — transmite a impressão de proximidade enquanto mantém a distância. Atores agem assim — mas o mundo não é um palco e há algo de artificial no exercício: vemos isso no atual presidente dos Estados Unidos. Eu também empreguei a linguagem para evitar intimidade — o que talvez explique minha simpatia romântica por protestantes e índios norte-americanos, duas culturas reticentes.

Em matéria de linguagem, claro, quem é de fora costuma se enganar: recordo-me da explicação dada a mim por um executivo da empresa de consultoria McKinsey, no iní-

O CHALÉ DA MEMÓRIA

cio da implantação da firma na Inglaterra, sobre a quase impossibilidade de escolher jovens colaboradores — todos pareciam tão articulados, as análises escorriam por suas canetas. Como poderia distinguir entre os inteligentes e os superficiais?

As palavras podem iludir — são traiçoeiras e indignas de confiança. Eu me lembro do quanto me encantei com a história fantasiosa da União Soviética desfiada nas conferências Trevelyanas de Cambridge pelo trotskista Isaac Deutscher, já idoso (publicadas em 1967 sob o título *A Revolução Inacabada — Rússia 1917-1967*). A forma transcendia o conteúdo com tamanha elegância que aceitamos este último por confiança: a desintoxicação exigiu um bom tempo. A facilidade retórica pura, por maior que seja seu apelo, não implica originalidade e profundidade de conteúdo.

Mesmo assim, *dificuldade de articulação* sugere deficiência de raciocínio. A ideia pode soar estranha a uma geração elogiada pelo que tenta dizer, e não pelo que foi dito. A articulação em si tornou-se objeto de suspeita nos anos 1970: o afastamento da "forma" favoreceu a aprovação acrítica da mera "autoexpressão", principalmente em sala de aula. No entanto, uma coisa é encorajar estudantes a manifestarem suas opiniões em liberdade, tomando cuidado para não esmagá-las com o peso de uma autoridade prematuramente imposta. Outra bem diferente é um professor evitar a crítica formal, na esperança de que a liberdade concedida favoreça o pensamento independente: "Não se preocupe com a maneira de se expressar, são as ideias que contam."

Quarenta anos depois da década de 1960, não restaram muitos instrutores com a autoconfiança (e o treinamento) para rebater uma declaração infeliz e explicar com clareza por que exatamente ela inibe a reflexão inteligente. A revolução da minha geração desempenhou um papel importante nesse desenrolar: a prioridade concedida ao indivíduo autônomo em todas as esferas da vida não deve ser subestimada — "fazer as suas próprias coisas" adquiriu forma variável.

Hoje, exprimir-se de forma "natural" — na linguagem como na arte — é preferível ao artifício. Supomos, sem refletir, que assim a verdade, tanto quanto a beleza, podem ser transmitidas com mais eficácia. Alexander Pope discordava.[1] Por muitos anos, na tradição ocidental, a maneira como alguém expressava sua posição se relacionava de perto com a credibilidade do argumento. Estilos retóricos variavam do espartano ao barroco, mas o estilo em si jamais foi tratado com indiferença. E "estilo" não era apenas uma sentença bem formulada: expressão ruim refletia pensamento ruim. Palavras confusas sugeriam ideias confusas, na melhor das hipóteses, e dissimulação, na pior.

A "profissionalização" da redação acadêmica — e a deliberada avidez dos humanistas pela segurança da "teoria" e da "metodologia" — favoreceu o obscurantismo. Assim estimulou-se o crescimento de uma eloquência "popular" superficial que não passa de moeda falsa: na disciplina de história o exemplo é a ascensão do "acadêmico televisivo", cujo apelo encontra-se exatamente em sua pretensão de atrair o público em geral numa época em que seus colegas estudiosos perderam o interesse pela comunicação. Contudo, enquanto a geração anterior de acadêmicos populares transformava conhecimento pessoal em textos compreensíveis, os escritores "acessíveis" de hoje se projetam de forma desconfortável na consciência do público. É o artista, mais do que o conteúdo, que atrai a atenção do público.

A insegurança cultural gera um equivalente linguístico. O mesmo vale para avanços tecnológicos. No mundo do Facebook, MySpace e Twitter (para não mencionar as mensagens), a alusão incisiva tomou o lugar da explicação. A internet parecia uma oportunidade para comunicação irrestrita, mas a vocação comercial crescente da rede — "eu sou o que eu compro" — embute um empobrecimento do meio. Meus filhos comentam sobre sua geração que a comunicação simplificada usada em seus equipamentos já começou a se infiltrar na própria comunicação: "As pessoas falam como mandam mensagens."

Eis um motivo para preocupação. Quando as palavras perdem sua integridade, o mesmo ocorre com as ideias que elas expressam. Se privilegiamos a expressão pessoal em detrimento das convenções aceitas, então estamos privatizando a linguagem, do mesmo jeito que privatizamos tantas outras coisas. "Quando *eu* uso uma palavra", Humpty Dumpty disse, em tom de desprezo, "ela significa exatamente o que eu escolho que significa — nem mais, nem menos." Alice disse: "O problema é se você *pode* fazer com que as palavras tenham tantos significados." Alice estava certa: o resultado é a anarquia.

Em "Politics and the English Language", Orwell censura seus contemporâneos por usarem uma linguagem que mais mistifica do que informa. Dirigiu sua crítica à má-fé: as pessoas escrevem mal por tentarem dizer algo que não

PALAVRAS

está claro, ou falseiam de propósito. Nosso problema é diferente, me parece. A prosa de má qualidade de hoje revela insegurança intelectual: falamos e escrevemos mal porque não sentimos confiança no que pensamos e relutamos em fazer afirmações taxativas ("É só a minha opinião..."). Em vez de viver submetidos ao princípio da "novilíngua", corremos o risco de chegar à "deslíngua".

Tenho hoje mais consciência dessas questões do que em qualquer momento do passado. Como sofro de um transtorno neurológico, estou perdendo rapidamente o controle sobre as palavras no momento em que minha relação com o mundo reduziu-se a elas somente. As palavras ainda se formam com impecável disciplina e ampla abrangência no silêncio dos meus pensamentos — a vista de dentro é tão rica quanto antes —, mas não consigo mais pronunciá-las com facilidade. Sons de vogais e consoantes sibilantes atrapalham-se na boca, disformes e incoerentes até para meu colaborador mais próximo. O músculo vocal, durante sessenta anos meu alter ego confiável, está falhando. Comunicação, desempenho, afirmação: agora são minhas características *mais fracas*. Traduzir o ser em pensamento, o pensamento em palavras e as palavras em comunicação logo estará além do meu alcance, e ficarei confinado à paisagem retórica de minhas reflexões interiores.

Embora as pessoas forçadas ao silêncio contem agora com mais compreensão de minha parte, permaneço avesso à linguagem truncada. Incapaz de exercitar a linguagem, valorizo mais do que nunca a comunicação, algo vital à república: não somente como meio pelo qual vivemos juntos, mas como parte do próprio sentido da vida em comum. A riqueza de vocabulário na qual fui criado constituía um

152

espaço público em si, e hoje fazem muita falta os espaços públicos adequadamente preservados. Se as palavras entrarem em decadência, o que as substituirá? Elas são tudo o que temos.

1. O verdadeiro saber é a natureza enfeitada pelo benefício do que com frequência era pensamento, mas nunca tão bem expresso. — Alexander Pope, *Ensaio sobre a crítica* (1711).

Parte Três

XVIII

Para o Oeste, jovem Judt

Nem todos escolhem os Estados Unidos como destino. Pouca gente acorda dizendo: "Não aguento mais o Tadjiquistão — vamos morar nos Estados Unidos!" Depois da guerra, meus pais se desiludiram com a Inglaterra (um sentimento muito disseminado naqueles anos terríveis); mas, a exemplo de muitos de seus contemporâneos britânicos, sonhavam com as antigas colônias. Nos centros comerciais da minha infância, os comerciantes e açougueiros anunciavam cordeiro e queijo da Nova Zelândia, carneiro australiano, xerez da África do Sul — mas produtos americanos eram raros. Contudo, planos de mudar para a Nova Zelândia (e criar carneiros?) foram impedidos pelas circunstâncias e sequelas da tuberculose de meu pai. Sendo assim, nasci em Londres e tinha quase 30 anos quando fiz minha primeira visita à América.

Todos acreditam conhecer os Estados Unidos. O que alguém "sabe", claro, depende muito da idade da pessoa.

Para europeus idosos, os Estados Unidos são um país que chegou mais tarde, os resgatou de sua história e os irritou com sua prosperidade arrogante: "O que há de errado com os ianques?" "Eles têm dinheiro demais, fazem sexo demais e vêm demais para cá." Ou, numa variante londrina que alude à roupa de baixo feminina barata fornecida pelo governo na época da guerra: "Você conhece a nova calcinha ianque, mais fácil que alguém a arranque?"

Para os europeus ocidentais que cresceram nos anos 1950, "América" era Bing Crosby, Hopalong Cassidy e dólares supervalorizados transbordando copiosamente dos bolsos das calças xadrez dos turistas do Meio-Oeste. Na década de 1970, a imagem mudou dos caubóis do Oeste para os cânions de Manhattan do tenente Kojak. Minha geração trocou Bing por Elvis, com entusiasmo, e depois Elvis pela Motown e pelos Beach Boys; mas não fazíamos a menor ideia de como eram Memphis ou Detroit — ou mesmo qual a aparência do sul da Califórnia.

A América, mesmo assim, era tão íntima quanto completamente desconhecida. Antes de vir para cá, eu havia lido Steinbeck, Fitzgerald e alguns contistas extraordinários do Sul. Entre eles e uma dieta à base de filmes *noir* dos anos 1940, eu formei uma imagem visual dos Estados Unidos. Além disso, como muitos europeus nascidos num país que podia ser cruzado a pé em alguns dias, eu não fazia a menor ideia do tamanho e da variedade existentes no país.

Minha primeira visita aos Estados Unidos aconteceu em 1975. Ao aterrissar em Boston eu deveria telefonar a um amigo de Harvard que me hospedaria. Mas o telefone público só funcionava com uma moeda de 10 centavos, que eu nem saberia identificar (Kojak nunca usava moedas). Fui salvo por um policial solícito, espantado com minha ignorância a respeito do dinheiro americano.

Minha esposa inglesa e eu pretendíamos atravessar o país de carro, para chegar a Davis, na Califórnia, onde eu passaria um ano como professor convidado. Eu pretendia comprar um Volkswagen usado, mas o primeiro vendedor com quem tratei me convenceu a comprar um Buick LeSabre 1971: dourado, automático, com mais de 5 metros de comprimento, capaz de fazer 4 quilômetros por litro de gasolina, com vento a favor. A primeira coisa que fizemos com o Buick foi ir a uma pizzaria. Na Inglaterra as pizzas ainda eram raras, e pequenas: uma pizza grande tinha 18 centímetros de diâmetro e pouco mais de um centímetro de espessura. Portanto, quando o atendente perguntou, de trás do balcão, qual era o tamanho, respondemos sem hesitar: "Grande." E pedimos duas. Levamos um susto quando trouxeram duas embalagens enormes de papelão, cada uma delas contendo uma pizza grossa, ao estilo de Chicago, com 40 centímetros de diâmetro, capaz de alimentar dez pessoas: meu primeiro contato com a obsessão americana pelo tamanho.

Com pouco dinheiro, seguimos para o Oeste, parando apenas para comer e reabastecer o insaciável Buick. O primeiro motel americano no qual me hospedei situava-se em Sioux Falls, em Dakota do Sul. As diárias eram incrivelmente baratas, e eu perguntei quanto custaria um apartamento com chuveiro. O recepcionista, depois de fingir não me entender, por causa do sotaque, explicou sem disfarçar o desprezo que "todos os nossos apartamentos possuem chuveiro". Para um europeu, aquilo não era possível: só acreditamos depois de comprovar a afirmação do rapaz. Segunda descoberta: os americanos adoram limpeza.

Quando chegamos a Davis, via Rapid City, Dakota do Sul ("Onde acabou a guerra entre agricultores e pecuaristas") e Reno, já havíamos adquirido um considerável respeito pelo interior dos Estados Unidos, e menos pelos carros americanos. Trata-se de um país "grande" — o céu é grande, as montanhas são grandes, os campos são grandes — e mesmo assim deslumbrante. Até os aspectos inegavelmente feios acabam de certa forma domesticados pelo cenário: os postos de combustível e os motéis baratos que se estendem por quilômetros, a oeste de Amarillo, arruinariam qualquer paisagem europeia (seus equivalentes italianos na periferia de Milão são grotescos), mas na amplidão do oeste do Texas eles se diluem romanticamente na névoa vespertina.

Desde essa primeira travessia transcontinental, cruzei o país sete vezes. Cidades há muito estabelecidas — Cheyenne, Knoxville, Savannah — contam com a continuidade a seu favor. Mas quem poderia amar Houston, Phoenix ou Charlotte de hoje em dia? Amontoados lamentáveis de prédios comerciais e cruzamentos, essas cidades exibem uma agitação enganosa das nove às cinco, para morrerem ao crepúsculo. Ao estilo Ozymandias, essas aglomerações urbanas afundarão no charco ou no deserto de onde surgiram assim que a água acabar ou que o preço da gasolina as condene à extinção.

Há também as cidades litorâneas, ancoradas de modo reconfortante no passado colonial do país. Em Nova Orleans, certa vez, sem dinheiro (fui assaltado numa lavanderia), recebi a oferta de dirigir um automóvel de um jogador do time de futebol americano Pittsburgh Steelers até Harrisburg, na Pensilvânia. O veículo era um carro esportivo americano comprido, possante, o capô exibia um tigre sorridente, vestido lascivamente com um casaco de pele. Não admira que tenhamos sido parados a cada 100 quilômetros: o policial rodoviário de motocicleta que nos parava chegava perto da janela, pronto para esculhambar o engraçadinho metido a besta em seu carrão esportivo espalhafatoso... mas se deparava com um professor de Cambridge e sua esposa apavorada. Depois de algum tempo passamos a nos divertir com a situação.

Certa vez, em North Platte, em Nebraska, tive uma epifania negativa. No meio do nada, a centenas de quilômetros de qualquer ajuntamento que se pudesse chamar de cidade, e a milhares de quilômetros do mar mais próximo: se *eu* me senti deslocado, cercado por milharais de 2 metros de altura, como será morar num lugar desses? Não admira que os americanos exibem um profundo desinteresse pelo que o resto do mundo está fazendo ou pensa a respeito deles. Império do Meio? Os chineses não fazem a menor ideia.

As cidadezinhas e os lugarejos que pontilham a paisagem do delta do Mississippi até o sul da Califórnia formam um cenário sóbrio. No rumo noroeste, de Dallas até a remota Decatur, no planalto texano, cada vila era representada por um ou dois postos de combustível, um motel desleixado (e com frequência fechado), a inevitável loja de conveniência e um pequeno grupo de trailers. Mas nada nelas sugere uma comunidade.

Exceto pela igreja. Aos olhos europeus, as igrejas mais parecem um galpão com uma cruz enorme no alto. Mas o prédio se destaca entre as lojinhas e casas de ripas de madeira. A religião não é apenas a única atividade local — com frequência constitui o único vínculo com o que se considera social e com o divino. Se eu morasse num lugar daqueles, também me uniria aos fiéis.

PARA O OESTE, JOVEM JUDT

No entanto, em consequência de minha profissão, não seria necessário. De longe a melhor coisa dos Estados Unidos são as universidades. Não falo de Harvard, Yale e *tutti quanti*: embora maravilhosas, não as considero tipicamente americanas — suas raízes atravessam o oceano até Oxford, Heidelberg e vão além. Nenhum outro lugar do mundo, contudo, possui universidades *públicas* como as americanas. Viajávamos por quilômetros a fio, atravessando um trecho desolado do Meio-Oeste, pontilhado por cartazes imensos, motéis e uma fileira de lanchonetes, quando — feito uma miragem pedagógica imaginada por um cavalheiro inglês do século XIX — surge... uma biblioteca! E não é uma biblioteca qualquer: em Bloomington, a universidade de Indiana exibe uma coleção de 7,8 milhões de volumes em mais de novecentos idiomas, abrigada num imponente mausoléu com duas torres, em pedra calcária típica de Indiana.

A um pouco mais de 150 quilômetros a noroeste, depois de passar por mais um milharal deserto, avista-se o oásis de Champaign-Urbana: uma cidade universitária discreta cuja biblioteca contém mais de 10 milhões de volumes. Mesmo as menores dessas universidades públicas — a universidade de Vermont, em Burlington, ou o isolado campus de Laramie, no Wyoming — orgulham-se de coleções, recursos, instalações e ambições que os estabelecimentos mais antigos da Europa só podem invejar.

O contraste entre as bibliotecas das universidades de Indiana ou Illinois e os campos ondulantes quase visíveis de suas janelas ilustra a escala e a variedade impressionante do império interiorano dos Estados Unidos: algo que não é possível entender de longe. Alguns quilômetros ao sul da cosmopolita comunidade acadêmica de Bloomington

162

O CHALÉ DA MEMÓRIA

situa-se o coração da antiga Ku Klux Klan, assim como a inigualável sede da universidade do Texas ergue-se implausível no meio dos morros que formam o território isolado e chauvinista que a cerca. Para um visitante, são justaposições incômodas.

Os americanos tratam esses paradoxos como normais. Seria difícil imaginar uma universidade europeia recrutar um professor — como ocorreu comigo, convidado a trabalhar numa universidade perto de Atlanta — argumentando que a proximidade de um aeroporto internacional permitiria "escapadas" fáceis. Um acadêmico europeu desempregado, recolhido a Aberystwyth, evitaria atrair a atenção para o fato. Portanto, onde os americanos são descaradamente sinceros — "Como é que eu fui parar em Universidade de Cheyenne?" — um britânico em similar isolamento recordará desolado o período sabático que passou em Oxford.

Minha própria visão ainda se beneficia com aquele ano na Davis. Originalmente uma extensão da Universidade da Califórnia, voltada para a agronomia, em instalações precárias no meio dos arrozais do delta do rio Sacramento — a meio caminho entre São Francisco e lugar nenhum —, a UC Davis hoje conta com 3,3 milhões de volumes, um corpo acadêmico de nível internacional e o programa líder em energia renovável do país. Alguns dos colegas mais interessantes que conheci passaram a vida na Davis. Na época, contudo, isso era um mistério para mim: tendo completado o ano lá, retornei cautelosamente para a velha familiaridade inglesa de Cambridge. Só que nada mais era igual. Cambridge parecia ter encolhido, sufocado: a planície de Fenland, chata como uma panqueca, era remota como um arrozal. Todo lugar é lugar nenhum de outro lugar.

John Donne descreve sua amada como uma "América": uma terra recém-descoberta aguardando exploração erótica. Mas a América em si é uma mulher amada, seduzindo e rejeitando alternadamente, e mesmo na meia-idade, obesa e arrogante, retém um certo encanto. Para europeus enfastiados, as contradições e curiosidades fazem parte deste encanto. Trata-se de um novo mundo velho, engajado numa autodescoberta permanente (em geral às custas dos outros): um império protegido por mitos pré-industriais, perigoso e inocente.

Fui seduzido. No início, indeciso, atravessava o Atlântico, para lá e para cá, distribuindo meus afetos ambivalentes entre as duas costas. Meus antepassados emigraram por necessidade: fugiram do medo e das privações. Sem escolha, não se detiveram em dúvidas. Eu, como emigrante voluntário, podia me consolar dizendo que minha escolha era temporária e revogável. Por muito tempo considerei a opção de regressar à Europa para lecionar. Mas era na América que eu me sentia mais europeu. Fui hifenizado: duas décadas depois da aterrissagem em Boston, eu tinha virado americano.

XIX

Crise de meia-idade

Alguns homens trocam de mulher. Outros trocam de carro. Ou de sexo. A crise da meia-idade significa demonstrar continuidade em relação à juventude, fazendo algo espantosamente diferente. Sem dúvida, "diferente" é um termo relativo: um sujeito apanhado pela crise costuma fazer as mesmas coisas que os outros homens — afinal de contas, é assim que se identifica a crise da meia-idade. A minha, porém, apresentou certa divergência. Na idade certa, no momento certo (segundo divórcio), senti as incertezas típicas da meia-idade: De que se trata, afinal? E lidei com ela do meu jeito. Aprendi checo.

No início dos anos 1980 eu lecionava política em Oxford. Desfrutava de segurança no emprego, responsabilidades profissionais e um lar agradável. Felicidade conjugal seria pedir muito, e eu já me acostumara com sua ausência. No entanto, eu me sentia cada vez mais distante das preocupações acadêmicas. A história francesa na época caíra em

CRISE DE MEIA-IDADE

desgraça: a chamada "cultural turns" (*virada cultural*) e os "pós" tudo tomaram conta da história social e me obrigaram a ler arengas grandiloquentes e intermináveis que alcançaram destaque acadêmico graças a "subdisciplinas" recém-fundadas cujos acólitos começaram a atuar perto demais do meu campo. Aquilo me chateava.

No dia 24 de abril de 1981 o *New Statesman* publicou uma carta de um dissidente checo que escrevia sob o pseudônimo de Václav Racek, protestando educadamente contra um ensaio de E. P. Thompson no qual o grande historiador britânico descrevia o Oriente e o Ocidente como responsáveis pela guerra fria e crimes a ela relacionados. "Racek" sugeria que o comunismo tinha responsabilidades maiores, certo? Thompson descartou seus argumentos num texto longo e condescendente, comparando o desejo "ingênuo" do dissidente checo por liberdade com sua própria "defesa da liberdade britânica", reconhecendo, porém, que, em sua inocência desinformada, "não chega a ser difícil compreender por que um intelectual checo pensa dessa maneira".

Fiquei furioso com a arrogância de Thompson e escrevi uma carta a respeito. Minha intervenção — e as posições que revelava — suscitaram um convite para ir a Londres conhecer Jan Kavan, um exilado da época de 68. Quando nos conhecemos, Kavan estava histérico. Ele havia concedido uma entrevista para a Thames Television na qual, empolgado, temia ter involuntariamente dado informações sobre a oposição clandestina checa que poderiam colocar pessoas em risco. Será que eu poderia impedir que a entrevista fosse transmitida?

Senti-me lisonjeado por Kavan supor que um professor obscuro de Oxford exercesse tanta influência. Eu sabia

166

que não adiantaria nada, mas disfarcei e fui para o estúdio. O editor do programa ouviu meus argumentos, com todo o respeito; percebeu rapidamente que eu não sabia quase nada sobre a Checoslováquia, a oposição na clandestinidade ou mesmo sobre o próprio Kavan; calculou que eu não tinha influência nenhuma, mesmo para os padrões de minha profissão... e me botou para fora, educadamente.

A reportagem foi ao ar na noite seguinte. Que eu saiba, ninguém sofreu consequências sérias por causa das revelações feitas na televisão, mas a reputação de Jan Kavan sofreu um golpe sério: muitos anos depois, quando seus inimigos políticos na República Checa pós-comunista o acusaram de colaborar com o antigo regime, usaram a entrevista para a rede Thames para denegri-lo.

Quando voltei a Oxford naquela noite, envergonhado pela incapacidade de interferir e mortificado pelo meu provincianismo, tomei uma decisão que se mostraria, a seu modo, importante na minha vida. Estudar checo. Foi uma das razões para o pessoal da Thames me ignorar: não me incomodava não ser importante. Mas senti-me ofendido por me considerarem tanto irrelevante quanto desinformado. Pela primeira vez na vida eu me vi dissertando sobre os problemas de um país cuja língua me era desconhecida. Sei que os cientistas políticos fazem isso sem parar, mas é por isso que não sou cientista político.

Sendo assim, no início dos anos 1980, aprendi um novo idioma. Comecei comprando o livro *Teach Yourself Czech* (Aprenda checo). Aproveitei (cada vez melhor) as longas ausências da segunda esposa e passei a dedicar duas horas por noite ao livro. Seu método era antiquado, e, assim, reconfortante, familiar: páginas e mais páginas de gra-

CRISE DE MEIA-IDADE

mática, com ênfase nas conjugações complicadas e declinações do grupo das línguas eslavônicas, intercaladas por exercícios de vocabulário, tradução, pronúncia, exceções importantes etc. Em resumo, o mesmo método com o qual aprendi alemão.

Depois de aprender alguma coisa com o livro introdutório, após alguns meses de estudo, resolvi que precisava de um aprendizado formal, se quisesse superar as limitações de um autodidata isolado. Oxford, naquele tempo, oferecia cursos de língua de primeira classe, em dúzias de idiomas conhecidos ou exóticos, e eu me matriculei na turma de iniciantes/intermediários do curso de checo. Havia apenas dois alunos, pelo que me lembro; minha colega, linguista talentosa, era casada com um historiador respeitado de Oxford. Precisei de muito esforço e concentração para acompanhar seu ritmo de estudo.

No final dos anos 1980 eu já havia atingido uma certa competência passiva em checo. Enfatizo *passiva*: raramente ouvia a língua falada fora do laboratório audiovisual e só visitei o país poucas vezes. Começava a perceber que no início da meia-idade o aprendizado de idiomas estrangeiros é lento. No entanto, conseguia ler de modo bem satisfatório. O primeiro livro que li foi *Hovory s T. G. Masarykem* (Conversas com Thomas Masaryik), de Karel Capek, uma série sensacional de conversas entre o autor teatral mais importante do país e seu primeiro presidente. De Capek avancei para Havel e passei a escrever a respeito dele.

Aprender checo levou-me à Checoslováquia, para onde viajei em 1985 e 1986, na infantaria do pequeno exército de contrabandistas de livros recrutado por Roger Scruton para ajudar professores e alunos expulsos das universidades

O CHALÉ DA MEMÓRIA

checas, ou proibidos de estudar nelas. Proferia palestras em apartamentos, para grupos de jovens atentos, ansiosos para debater, deliciosamente ignorantes das vogas e reputações acadêmicas. Falava inglês, claro (embora professores mais antigos preferissem o alemão). Surgiam oportunidades para usar o idioma checo, como no caso dos policiais disfarçados que pediam a hora sob o poste de luz, na frente dos apartamentos dos dissidentes, para verificar se os visitantes eram estrangeiros ou não.

Naquele tempo Praga era uma cidade triste, cinzenta. A Checoslováquia de Gustáv Husák, mesmo próspera para os padrões comunistas (perdia apenas para a Hungria), tornara-se um país depressivo e amargo. Ninguém que tenha convivido com o comunismo da época alimentava ilusões a respeito do futuro de um dogma morto entrincheirado numa sociedade decadente. Mesmo assim eu passava períodos de entusiasmo e excitação por lá, regressando a Oxford energizado, com novas ideias pulsando.

Passei a lecionar história da Europa Oriental e — com certo receio — a escrever a respeito. Em particular, interessei-me profundamente pela oposição informal e clandestina na qual me engajei. Lia, discutia e (eventualmente) encontrava pessoas como Václav Havel, Adam Michnik, János Kis e seus amigos. Redescobri paixões políticas e acadêmicas, bem como interesses intelectuais cuja urgência era inédita — pelo menos para mim — desde o final dos anos 1960... além de mais séria e consequente do que qualquer outro evento daquela década, pelo que me recordo. Seria só um pequeno exagero — talvez nem isso — dizer que a imersão na Europa Central e Oriental me trouxe de volta à vida.

CRISE DE MEIA-IDADE

De novo em Oxford, frequentei especialistas e refugiados da região. Criei programas para abrigar intelectuais dissidentes do bloco soviético. Comecei a incentivar a carreira de jovens historiadores e outros interessados naquela parte da Europa, obscura e absurdamente desprezada pelos estudiosos — um projeto ao qual eu dei prosseguimento com recursos mais abundantes quando mudei para Nova York.

Graças aos novos amigos, principalmente na Polônia e exilados, fui capaz de estabelecer vínculos com meu próprio passado judaico no Leste Europeu. Acima de tudo, e para meu contínuo constrangimento, descobri uma literatura rica e sedutora que até então eu praticamente desconhecia: uma deficiência sem dúvida atribuível ao provincianismo presente até na melhor educação britânica, o que não livra minha responsabilidade.

Aprender checo, em outras palavras, fez de mim um acadêmico, historiador e um homem muito diferente. Haveria uma diferença significativa se eu tivesse escolhido um outro idioma, como o polonês? Meus amigos acreditavam que sim: para eles, o checo não passava de uma língua eslavônica *menor* (mesma maneira como colegas russos descreviam o polonês), e inexplicavelmente eu optara por me especializar nela, o equivalente — para eles — a estudar a história do País de Gales, por exemplo. Eu discordava: pretendia contornar exatamente a noção de grandiosidade cultural característica polonesa (ou russa), preferindo as qualidades típicas checas, como a dúvida, a insegurança cultural e a autozombaria cética. Tudo isso já me era familiar, por conta das fontes judaicas: Kafka, acima de tudo — sendo Kafka também o autor checo por excelência.

170

Sem minha obsessão pelo checo eu não me encontraria em Praga em novembro de 1989, observando Havel tomar posse na presidência, em um terraço na praça central. Não teria ouvido János Kis explicar, no hotel Gellert de Budapeste, os planos para uma Hungria pós-comunista e social--democrata — a maior esperança para a região, e mesmo assim sombria. Poucos anos depois, eu não estaria na região de Maramures, no norte da Transilvânia, levantando informações para meu ensaio sobre os traumas da Romênia pós-comunista.

Acima de tudo, jamais teria escrito *Pós-guerra*, minha história da Europa desde 1945. Apesar de seus defeitos, o livro é extraordinário pela determinação que dediquei à integração das duas metades da Europa numa história comum. De certo modo, *Pós-guerra* espelha minha tentativa de me tornar um historiador da Europa inteira, em vez de crítico construtivo do estudo da história em voga na França. As aventuras checas não me serviram para arranjar outra esposa (que eu só conheceria mais tarde, e ligada apenas indiretamente à situação), muito menos um carro novo. Mas foram a melhor crise de meia-idade que eu poderia almejar. Curou-me para sempre do solipsismo metodológico da academia pós-moderna. Tornou-me, para o bem ou para o mal, um intelectual público confiável. Há mais coisas entre o céu e a terra do que sonha nossa vã filosofia ocidental e eu — tardiamente — vi algumas delas.

XX

Mentes cativas

Há alguns anos visitei Krasnogruda, a mansão restaurada do poeta Czesław Miłosz, perto da fronteira entre a Polônia e a Lituânia. Fui convidado por Krżysztof Czyżewski, diretor da Fundação Borderland, dedicada ao estudo da conflituosa memória da região e à reconciliação entre a população local. No meio do inverno rigoroso, a neve cobria os campos até onde a vista alcançava; apenas esporádicos grupos de árvores cobertas de gelo e marcos de fronteira se destacavam na neve. Meu anfitrião estava entusiasmado com os projetos de intercâmbio cultural previstos para o lar original de Miłosz. Eu estava absorto em meus pensamentos: a cerca de 100 quilômetros ao norte, em Pilviškiai (Lituânia), o lado Avigail da família de meu pai vivera e morrera (alguns nas mãos dos nazistas). Nosso primo Meyer London, de um vilarejo vizinho, emigrara para Nova York em 1891, onde seria eleito em 1914 o segundo congressista socialista, até ser desapossado por uma aliança ignóbil entre ricos judeus nova-iorquinos incomodados com o seu socialismo e sionistas norte-americanos desgostosos com as fartamente divulgadas desconfianças de Meyer em relação ao projeto deles. Para Miłosz, Krasnogruda — "terra vermelha" — era sua "terra natal" (*Rodzinna Europa*, no original polonês, expressão melhor traduzida como pátria europeia, ou família europeia).[1] No meu caso, ao olhar a paisagem branca imaculada, significava Jedwabne, Katyn e Babi Yar — todos lugares próximos — para não mencionar lembranças sombrias nas imediações. Meu anfitrião sabia disso, certamente: afinal, fora pessoalmente responsável pela controversa publicação do relato de Jan Gross sobre o massacre de Jedwabne.[2] Contudo, a presença do maior poeta polonês do século XX transcendia a tragédia que ronda a região.

Miłosz nasceu em 1911, no que era então a Lituânia russa. De fato, como muitas figuras literárias fundamentais da Polônia, ele não era estritamente "polonês", por critérios geográficos. Adam Zagajewski, um dos poetas vivos mais importantes do país, nasceu na Ucrânia; Jerzy Giedroyc — personagem de destaque entre os exilados literários do século XX — nasceu na Bielorrússia, assim como Adam Mickiewicz, ícone do renascimento literário da Polônia no século XIX. Vilna, na Lituânia, foi um centro cosmopolita original que misturava poloneses, lituanos, alemães, russos e judeus, entre outros (Isaiah Berlin, assim como a filósofa política de Harvard, Judith Shklar, nasceram em Riga, cidade vizinha).

Criado na república polonesa do entreguerras, Miłosz sobreviveu à ocupação e já era um poeta de renome quando o enviaram a Paris como adido cultural da nova República Popular. No entanto, em 1951 ele fugiu para o Ocidente, e

MENTES CATIVAS

dois anos depois publicou sua obra mais influente, *A Mente Cativa*.[3] A obra, que nunca saiu de catálogo, é de longe o relato mais arguto e perene sobre a atração dos intelectuais pelo stalinismo e, de maneira mais geral, sobre o encanto da intelligentsia pela autoridade e pelo autoritarismo.

Miłosz estuda quatro contemporâneos seus e as ilusões a que se prenderam na jornada da autonomia até a obediência, enfatizando o que ele chama de uma necessidade dos intelectuais da "sensação de pertencer". Dois dos autores — Jerzy Andrzejewski e Tadeusz Borowski — são conhecidos dos leitores de língua inglesa. Andrzejewski escreveu *Cinzas e Diamantes* (adaptado para o cinema por Andrzej Wajda), e Borowski é o autor de um relato marcante sobre Auschwitz, *This Way for the Gas, Ladies and Gentleman* (Por aqui para a câmara de gás, senhoras e senhores).

Duas imagens tornaram *A Mente Cativa* memorável. Uma é a "pílula de Murti-Bing". Miłosz topou com ela num romance obscuro de Stanislaw Ignacy Witkiewicz, *Insatiability* (Insaciabilidade) (1927). Na obra, pessoas da Europa Central que temiam a possibilidade de o território ser conquistado por hordas asiáticas não identificadas tomam uma pequena pílula que as livra do medo e da ansiedade; embaladas pelos efeitos, elas não só aceitam os novos governantes como os recebem felizes, de braços abertos.

A segunda imagem é a de "Ketman", emprestada de Arthur de Gobineau, em *Religions and Philosophies of Central Asia* (Religiões e filosofias da Ásia Central), no qual o viajante francês relata o fenômeno persa das identidades eletivas. Quem consegue internalizar o modo de ser chamado de "Ketman" vive sem a contradição de dizer uma coisa e acreditar em outra, adaptando-se livremente a cada exigência adicional dos novos governantes, enquanto crê que preservou em algum lugar, dentro de si, a autonomia do livre-pensador — ou, pelo menos, de um pensador que escolheu livremente se subordinar às ideias e aos ditames alheios.

Ketman, nas palavras de Miłosz, "traz conforto, fomentando sonhos sobre o porvir, e até o muro que os cerca permite o devaneio solitário". Escrever para a escrivaninha torna-se um sinal de liberdade interior. Pelo menos seu público o *levaria* a sério, se pudesse ler a obra.

O medo da indiferença com que o sistema econômico ocidental trata artistas e estudiosos é muito disseminado entre intelectuais do Leste Europeu. Eles acham melhor tratar com um demônio inteligente do que com um idiota bem-intencionado.

Entre Ketman e a Pílula de Murti-Bing, Miłosz disseca com brilhantismo o estado de espírito do simpatizante do comunismo, do idealista desiludido e do oportunista cínico. Seu ensaio é mais sutil do que *O Zero e o Infinito*, de Arthur Koestler, e menos implacavelmente lógico do que *O Ópio dos Intelectuais*, de Raymond Aron. Eu costumava usar o livro num curso que foi meu favorito durante muitos anos: uma pesquisa sobre ensaios e romances da Europa Central e Oriental que incluía textos de Milan Kundera, Václav Havel, Ivo Andrić, Heda Kovály, Paul Goma e outros.

Passei a notar que os romances de Kundera e Andrić, ou as memórias de Kovaly e Yevgenia Ginsburg, permanecem compreensíveis para estudantes norte-americanos, não obstante a diferença cultural. Mas *A Mente Cativa* com frequência se deparava com a incompreensão. Miłosz pressupõe que seus leitores captam intuitivamente o estado de espírito do crente: o homem ou a mulher que se identificou

MENTES CATIVAS

com a História e entusiasticamente se alinha a um sistema que lhe nega liberdade de expressão. Em 1951, ele podia presumir, de modo razoável, que este fenômeno — fosse associado ao comunismo, fascismo ou qualquer outra forma de repressão política — fosse familiar.

E, de fato, quando comecei a lecionar usando o livro nos anos 1970, passava a maior parte do tempo explicando aos estudantes com tendências radicais exatamente por que uma "mente cativa" não era uma boa coisa. Trinta anos depois, minha jovem plateia se mostra simplesmente boquiaberta: por que alguém venderia a alma por *qualquer* ideia, e ainda mais uma repressora? Na virada do século XXI, poucos entre meus alunos norte-americanos chegaram a ver um marxista. O compromisso abnegado com uma fé secular encontrava-se além de sua capacidade de imaginação. Quando comecei, meu desafio era explicar por que as pessoas de desiludiram com o marxismo; hoje, a dura tarefa que o professor tem pela frente é explicar a própria ilusão.

Universitários de hoje não veem razão para o livro existir: a ideia toda lhes parece inútil. Repressão, sofrimento, ironia, até a crença religiosa: isso eles compreendem. Mas, e a ilusão ideológica? Os leitores póstumos de Miłosz se assemelham portanto aos ocidentais e emigrados cuja incompreensão ele descreve muito bem: "Eles não sabem como as pessoas pagam — quem está no exterior não sabe. Eles não sabem o que comprar, nem o preço."

Pode ser. Mas existe mais de um tipo de cativeiro. Basta recordar o transe estilo Ketman dos intelectuais envolvidos na ofensiva histérica de George W. Bush pela guerra, faz poucos anos. Poucos entre eles teriam admitido admirar o presidente, e menos ainda compartilhar sua visão de mundo. Portanto, se alinharam atrás dele, embora sem dúvida guardassem para si suas restrições. Mais tarde, quando ficou claro que haviam cometido um engano, culparam o governo incompetente. Com qualificações dignas de Ketman, alegaram com orgulho que "estávamos certos em estarmos errados" — um eco revelador, embora inconsciente, do *plaidoyer* (argumento de defesa) dos simpatizantes franceses: "melhor estar errado com Sartre do que certo com Aron".

Hoje, ainda ouvimos ecos esparsos da tentativa de reanimar a guerra fria na forma de uma cruzada contra o "islamo-fascismo". Mas a verdadeira mente cativa dos nossos tempos está em outro lugar. Nossa fé contemporânea no "mercado" repete com rigor seu duplo do século XIX: a crença inquestionável na necessidade, no progresso e na História. Assim como o desafortunado chanceler do Tesouro britânico em 1929-31, Philip Snowden, que ergueu as mãos ao céu frente à Depressão e declarou que não adiantava se opor às leis inelutáveis do capitalismo, os líderes europeus atuais se refugiam na austeridade orçamentária para apaziguar "os mercados".

Mas "o mercado" — assim como o "materialismo dialético" — não passa de uma abstração: simultaneamente ultrarracional (sua argumentação sobrepuja todas as outras) e o ápice da irracionalidade (não aceita questionamentos). Possui seus crentes sinceros — pensadores medíocres, em comparação com os pais fundadores, são, mesmo assim, influentes; seus simpatizantes — que talvez tenham dúvidas íntimas sobre as alegações dogmáticas, mas não veem alternativa além de pregá-las; e suas vítimas, muitas das quais, principalmente nos Estados Unidos, engoliram obedientes suas pílulas e proclamam orgulhosas as virtudes de uma doutrina cujos benefícios jamais conhecerão.

Acima de tudo, a servidão pela qual uma ideologia controla um povo deve ser medida pela incapacidade coletiva de imaginar alternativas. Sabemos perfeitamente bem que a fé irrestrita nos mercados sem regulamentação mata: a aplicação rígida do que era até recentemente o "consenso de Washington" nos vulneráveis países em desenvolvimento — com ênfase na política fiscal rígida, privatização, baixas tarifas e desregulamentação — destruiu milhões de lares. Enquanto isso, os "termos comerciais" rígidos em que medicamentos vitais são distribuídos reduziram drasticamente a expectativa de vida em muitas regiões. Mas, na imortal frase de Margaret Thatcher, "não há alternativa".

Foi exatamente nesses termos que o comunismo se apresentou a seus beneficiários depois da Segunda Guerra Mundial; e como a história não fornecia alternativa visível para um futuro comunista muitos admiradores estrangeiros de Stalin foram empurrados para o cativeiro intelectual. Contudo, quando Miłosz publicou *A Mente Cativa*, os intelectuais ocidentais ainda discutiam modelos sociais genuinamente competitivos — fossem social-democrata, mercado social ou variantes do mercado regulamentado do capitalismo liberal. Hoje, apesar da oposição keynesiana reina o consenso.

Para Miłosz, "o habitante do Oriente não leva os americanos a sério porque eles nunca enfrentaram as experiências que ensinam aos homens o quanto são relativos seus julgamentos e hábitos intelectuais". Isso sem dúvida vale e explica o ceticismo permanente do europeu oriental a respeito da inocência americana. Mas não há nada de inocente sobre a servidão voluntária de comentaristas ocidentais (e orientais) perante a nova panortodoxia. Muitos deles, ao estilo Ketman, estão bem informados mas preferem não erguer a cabeça na trincheira. Nesse sentido, pelo menos, eles realmente possuem algo em comum com os intelectuais da era comunista. Cem anos após seu nascimento, 57 anos depois da publicação de seu ensaio seminal, a definição de Miłosz para o intelectual servil soa mais verdadeira do que nunca: "sua principal característica é o medo de pensar por si mesmo".

1. Czesław Miłosz, *Native Realm (Rodzinna Europa)* (Terra Natal). (1959; Doubleday, 1968).

2. Jan Gross, *Neighbors: The Destruction of the Jewish Community in Jedwabne, Poland* (Vizinhos: A Destruição de uma Comunidade Judaica em Jedwabne, na Polônia). (Princeton University Press, 2001).

3. Czesław Miłosz, *A Mente Cativa* (São Paulo: Novo Século, 2010).

XXI

Mulheres, mulheres, mulheres

Em 1992 eu era o titular do departamento de História da Universidade de Nova York — onde também era o único homem heterossexual solteiro com menos de 60 anos. Uma mistura combustível: um cartaz chamativo do lado de fora da minha sala informava a localização e o número telefônico do Centro de Assédio Sexual. História, como profissão, estava se tornando rapidamente um reduto feminino, com uma comunidade acadêmica atenta a sinais de discriminação — ou coisa pior. Contato físico pressupunha intenções maldosas; porta fechada, prova definitiva.

Pouco depois que assumi a função, uma estudante de graduação do segundo ano me procurou. Ex-bailarina profissional, interessada na Europa Oriental, ela havia sido encorajada a trabalhar comigo. Eu não estava lecionando naquele semestre, portanto, poderia ter dito para ela voltar a me procurar em outra época. Em vez disso, convidei-a para

180

entrar. Após uma conversa a portas fechadas sobre as reformas econômicas húngaras, sugeri um curso independente de estudos — a se iniciar na noite seguinte, num restaurante local. Poucas aulas depois, num surto de coragem, convidei-a para a estreia de *Oleanna* — a dramatização capenga do assédio sexual num campus universitário, por David Mamet.

Como explicar um comportamento tão autodestrutivo? Em que universo ilusório eu me encontrava, para supor que poderia, sozinho, passar incólume pelo puritanismo punitivo do momento? Como o sino do sexualmente correto não tocou para mim? Eu conhecia Foucault tão bem quanto qualquer um, estava familiarizado com Firestone, Millet, Brownmiller, Faludi *e tutte quante*.[1] Dizer que a moça tinha olhos irresistíveis e que minhas intenções eram... obscuras não me ajudariam em nada. Desculpas? *Sinto muito, senhor, eu sou dos anos 1960.*

A vida de um rapaz adolescente no início dos anos 1960 era curiosamente limitada. Ainda habitávamos o universo moral dos nossos pais. Sair com alguém era difícil — ninguém tinha carro. As casas pequenas demais não permitiam privacidade; existiam anticoncepcionais, mas para obtê-los era preciso enfrentar a desaprovação do farmacêutico. Vigorava uma bem embasada presunção de inocência e ignorância, tanto para rapazes quanto para moças. A maioria dos meus conhecidos frequentava escolas só para homens, e raramente encontrava-se com mulheres. Um amigo e eu pagávamos com nosso dinheiro suado aulas de dança de salão nos sábados de manhã, no salão de bailes Locarno, em Streatham; mas quando chegava a hora do baile anual, as moças da Godolphin & Latymer School riam de nós assim mesmo. Desistimos da experiência.

MULHERES, MULHERES, MULHERES

Mesmo se você tivesse alguém com quem sair, parecia um programa com a avó. As moças naquele tempo vinham protegidas por uma linha Maginot impenetrável de ganchos, cintos, espartilhos, meias de nylon, corpetes, cintas-ligas, suspensórios e anáguas. Os rapazes mais velhos asseguravam que eles não passavam de artefatos eróticos, facilmente contornáveis. Eu os considerava ameaçadores. E não estava sozinho, como mostram filmes e romances daquela época. Naquele época todos vivíamos em Chesil Beach.

De repente, para nossa surpresa, descobrimos que fazíamos parte da "revolução sexual". Em poucos meses uma geração inteira de mulheres abandonou um século de lingerie e adotou a minissaia, com (ou sem) meia-calça. Poucos sujeitos que conheci, nascidos depois de 1952, ouviram falar — ou chegaram a ver — as roupas de baixo citadas no parágrafo anterior. O cantor francês pop Antoine cantava otimista a respeito da compra de pílulas anticoncepcionais no Monoprix (equivalente francês do K--Mart).[2] Em Cambridge, tranquilo e cosmopolita, ajudei um amigo a conseguir que sua namorada abortasse. Todos "brincavam com fogo".

Ou diziam que brincavam. Minha geração vivia obcecada com a distinção entre teoria e prática — conheci um sujeito na Califórnia que dedicou sua tese a "Teoria e Prática em teoria e prática". Sexualmente, vivíamos o contraste. Em *teoria*, nos orgulhávamos de ser a vanguarda. Mas na *prática* formávamos um grupo de conformistas: moldados mais pela infância nos anos 1950 do que pela adolescência nos anos 1960. Um número surpreendente de nós se casou cedo — com frequência com a primeira namorada séria. E, desse número, muitos continuaram casados. Ocupados em defender o direito de todos fazerem qualquer coisa, restavam poucas ocasiões para fazer essas coisas.

Nossos antecessores cresceram no mundo claustrofóbico dos filmes *Lucky Jim* e *Look Back in Anger*. Constrangidos pelos limites que aprenderam a respeitar, talvez tentassem seduzir uma colega de escritório ou estudante universitária, mas as regras os impediam de ir adiante: não esperavam vivenciar suas fantasias. Nós, em compensação, tínhamos dificuldade para distinguir as fantasias da vida cotidiana. O solipsismo dos anos 1960 — "faça amor, não faça a guerra", "cuide da sua vida", "deixa pra lá" — certamente derrubou tabus. Mas também abafou a consciência: nada era proibido.

Em 1981, pouco depois de minha chegada a Oxford, convidei uma aluna e o namorado dela para jantar. Minha esposa e eu morávamos numa pequena cidade dos arredores, e quando o jovem casal chegou nevava muito. Foram obrigados a dormir em nossa casa. Levei-os casualmente até o pequeno quarto de hóspedes, com cama de casal, e desejei boa noite. Só bem mais tarde me ocorreu que talvez eles ainda não dormissem juntos. Quando mencionei a questão delicadamente, poucos dias depois, a moça deu um tapinha no meu ombro. "Não se preocupe, Tony, nós entendemos: você é dos anos 1960!"

Nossos sucessores — livres dos antigos constrangimentos — se impuseram novas restrições. Desde os anos 1970 os americanos assiduamente evitam qualquer atitude que possa parecer assédio, mesmo correndo o risco de perder amizades promissoras e as delícias do flerte. Como os homens de décadas anteriores — embora por razões bem diferentes —, eles sentem um pavor sobrenatural de dar um passo em falso. Considero isso deprimente. Os puritanos possuíam uma base teológica sólida para reprimir seus desejos e os desejos alheios. Mas os conformistas de agora não têm o respaldo de uma crença.

Não obstante, as ansiedades das relações sexuais contemporâneas oferecem ocasionais interlúdios crônicos. Quando eu era reitor de Humanas na NYU, um professor jovem e promissor foi acusado de conduta imprópria por uma estudante de graduação de seu departamento. Consta que ele a teria seguido até uma saleta e declarado seus sentimentos. Interrogado, o professor admitiu tudo, implorando para eu não contar nada a sua esposa. Senti-me dividido: o jovem se comportara de modo imprudente, mas não intimidara a moça, nem oferecera boas notas em troca de favores. Mesmo assim, recebeu uma censura. Na verdade, isso arruinou sua carreira — mais tarde o departamento recusou a renovação de seu contrato, pois nenhuma moça faria seu curso. Enquanto isso, a "vítima" recebia o apoio de praxe.

Anos depois, fui chamado à sala do advogado da universidade. Ele queria saber se eu aceitava ser testemunha da defesa no processo movido contra a NYU pela mesma moça. Presta atenção, o advogado me advertiu, "ela" era na verdade "ele", e processava a universidade por não levar a sério "suas" necessidades enquanto travesti. Precisávamos nos defender no processo mas sem parecermos insensíveis.

Compareci, portanto, ao fórum de Manhattan para explicar as complexidades do assédio acadêmico para um júri perplexo, formado por encanadores e donas de casa. O advogado da estudante atacou com tudo: "Você não nutria preconceito contra minha cliente, por causa de sua identidade transexual?" "Não vejo como", respondi. "Sempre pensei que ela fosse mulher — não era isso que ela queria que pensássemos?" A universidade ganhou a causa.

Em outra ocasião uma estudante queixou-se de que eu a teria "discriminado" por ela não me oferecer favores sexuais. Quando a *ombudswoman* do departamento — uma senhora sensata de credenciais impecáveis — investigou o caso, descobriu que a queixosa se ressentira por não ter sido convidada para participar de um seminário meu. Ela presumiu que as moças, para entrar, precisavam receber (e oferecer) favores. Expliquei que elas haviam sido convidadas por serem inteligentes. A moça espantou-se: a única forma de discriminação que conseguia imaginar era sexual. Não lhe ocorreu que eu poderia ser simplesmente elitista.

A história é reveladora. Quando discutia literatura sexualmente explícita com estudantes europeus — Milan Kundera, para citar um caso óbvio —, eles sempre se sentiram à vontade para debater o tópico. Por sua vez, os estudantes americanos de ambos os sexos — em geral, muito motivados — mergulhavam num silêncio nervoso: relutavam em tratar do tema, pois temiam ultrapassar algum limite. Entretanto, o sexo — ou, para adotar o termo em voga, o "gênero" — é a primeira coisa que vem à mente quando eles tentam explicar o comportamento dos adultos no mundo real.

Neste, como em muitos outros casos, levamos os anos 1960 a sério demais. A sexualidade (ou o gênero) é tão distorcida quando nos fixamos nela quanto quando a negamos. Substituir gênero (ou "raça", "etnia", "eu") por classe social ou renda só poderia ocorrer a pessoas para quem a política é um passatempo, uma projeção de seu eu no mundo inteiro.

Por que tudo tem de dizer respeito a "mim"? Minhas fixações são importantes para a República? Minhas necessidades particulares, por definição, se referem a questões mais amplas? O que afinal quer dizer que "o pessoal é político"? Se tudo é político, então nada é político. Isso me lembra a conferência de Gertrude Stein sobre literatura contemporânea em Oxford. "E quanto à questão da mulher?", alguém perguntou. A resposta de Stein devia ser pregada em todos os quadros de avisos das faculdades, de Boston a Berkeley. "Nem tudo pode ser a respeito de tudo."

Os mantras jocosos da nossa adolescência se tornaram um modo de vida para as gerações seguintes. Ao menos sabíamos, nos anos 1960, independentemente do que dizíamos, que sexo dizia respeito ao... sexo. Mesmo assim, foi nossa a culpa do que ocorreu depois. Nós — esquerdistas, acadêmicos, professores — deixamos a política para quem o poder de fato é muito mais interessante do que suas implicações simbólicas. O politicamente correto e a política dos gêneros, mas acima de tudo a hipersensibilidade aos sentimentos feridos (como se existisse um direito de não ser magoado): eis aí o nosso legado.

Por que não posso fechar a porta da minha sala, nem convidar uma aluna para ir ao teatro? Se hesitar, não terei internalizado o pior tipo de autocensura comunitária — antecipar a própria culpa muito antes de ser acusado e dar exemplo de pusilanimidade aos outros? Sim: no mínimo, por essas razões, não vejo nada de errado em meu comportamento. Mas, se não fosse pela segurança mandarinesca de meus anos de Oxbridge, também me faltaria coragem para bancar minhas convicções — embora eu admita de bom grado que a mistura volátil de arrogância intelectual e originalidade de minha geração possa fomentar ilusões de invulnerabilidade.

De todo modo, uma falta da noção de limites semelhante — levada a extremos — é que pode explicar as transgressões autodestrutivas de Bill Clinton, ou a insistência de Tony Blair de que ele estava certo ao mentir para entrar numa guerra cuja necessidade só ele poderia avaliar. Vale notar que, apesar da ousadia na postura e na sedução, Clinton e Blair — não menos do que Bush, Gore, Brown e tantos outros de minha geração — continuam casados até hoje com a primeira namorada. Não posso me gabar disso — divorciei-me em 1977 e de novo em 1986 —, mas em outros aspectos a curiosa mistura dos anos 1960 entre atitudes radicais e convencionalismo doméstico também me enredou. Então, como escapei da política de intimidação, que certamente me seguia enquanto eu saía furtivamente com a bailarina de olhos brilhantes?

Em tempo: casei-me com ela.

---

1. Respectivamente, autores de: *The Dialectic of Sex, Sexual Politics, Against Our Will* (A dialética do sexo, políticas sexuais, contra a nossa vontade) e *Backlash: The Undeclared War Against American Women* (Retrocesso; a guerra não declarada contra as mulheres americanas).
2. "Como fazer para enriquecer o país? Basta vender pílula anticoncepcional no Monoprix." *Elucubrations* (Lucubrações), 1966.

XXII

Nova York, Nova York

Fui para a Universidade de Nova York em 1987 por capricho. O ataque thatcherista contra a educação superior britânica estava começando, e mesmo em Oxford as perspectivas eram sombrias. A NYU me atraía: não era uma instituição recente — fundada em 1831 — embora fosse a mais nova das grandes universidades de Nova York. Não exibia nenhum americanismo tacanho, abria-se em novas direções: em contraste com o mundo dos colegiados restritos de Oxbridge, a instituição se proclamava, orgulhosa, como universidade "global", no coração de uma cidade mundial.

Mas o que seria uma "cidade mundial"? A Cidade do México, com 18 milhões de habitantes, ou São Paulo, com um milhão a menos, constituem aglomerados urbanos incontroláveis; mas não são "cidades mundiais". Paris, por sua vez — cujos bairros centrais jamais superaram os 2 milhões de habitantes — foi a "capital do século XIX".

Seria em função do número de visitantes? Nesse caso, Orlando (na Flórida) é uma grande metrópole. Ser a capital do país não garante nada: basta pensar em Madri e Washington, DC (a Brasília de sua época). Talvez não seja nem questão de riqueza: num futuro próximo, Xangai (14 milhões) e Cingapura (5 milhões de pessoas) constarão entre os lugares mais ricos do planeta. Serão um dia "cidades mundiais"?

Já morei em quatro cidades mundiais. Londres foi o centro financeiro e comercial do mundo da derrota de Napoleão à ascensão de Hitler; Paris — sua eterna rival — serviu de ímã cultural desde a construção de Versalhes até a morte de Albert Camus. O apogeu de Viena deve ter sido o mais curto: sua ascensão e queda coincidiu com os derradeiros anos do império dos Habsburgo, embora em intensidade supere todas as outras. Depois, veio Nova York.

Tive uma sorte dividida de conhecer essas cidades em seu declínio. No ápice, eram arrogantes e confiantes. Na decadência, as virtudes menores se destacaram: as pessoas passavam menos tempo dizendo o quanto você era afortunado por estar ali. Mesmo no auge da "Swinging London" dos anos 1960 havia algo de inconvincente na autopromoção da cidade, como se soubessem que tudo aquilo não passava de um veranico.

Seguramente, até hoje a capital britânica continua sendo um centro geográfico — seu pavoroso aeroporto, gigantesco e monstruoso, é o mais movimentado do mundo. E a cidade pode se orgulhar de ter o melhor teatro, e um cosmopolitismo versátil que está infelizmente desaparecendo nos anos recentes. E tudo se apoia precariamente numa insustentável pilha de dinheiro alheio: a capital do capital.

NOVA YORK, NOVA YORK

Quando fui morar em Paris a maioria das pessoas havia parado de falar francês, no mundo inteiro (algo que os franceses demoraram a reconhecer). Quem agora desejaria reconstruir uma cidade deliberadamente — como os romenos no final do século XIX — para se tornar a "Paris do Oriente", com direito aos *grands boulevards*, como a Calea Victoria? Os franceses têm uma palavra para a disposição de olhar para dentro de si com insegurança, de se preocupar e de se autointerrogar: *nombrilisme* — "olhar para seu umbigo". Eles vêm agindo assim há mais de um século.

Cheguei a Nova York bem a tempo de sentir o gosto amargo da perda. Nas artes mundiais, a cidade reinou suprema de 1945 até os anos 1970. Para ver pintura moderna, ouvir música experimental ou assistir a espetáculos de dança, as pessoas preferiam a Nova York de Clement Greenberg, Leonard Bernstein e George Balanchine. Cultura era mais do que objeto de consumo: os artistas iam para Nova York também para produzir. Manhattan nas décadas citadas funcionava como uma encruzilhada onde mentes interessantes e originais se encontravam — arrastando outros em seu trajeto. Nada se equiparava a Nova York.

O auge da Nova York judaica também havia passado. Quem se importa hoje com o que *Dissent* ou (particularmente) *Commentary* diz ao mundo, ou discute entre si? Em 1979, Woody Allen podia contar com uma ampla plateia para sua piada sobre as duas publicações, que se uniriam para fundar a "Dissentary" (ver *Annie Hall*). Hoje? Uma quantidade desproporcional de energia é investida nessas e em outras publicações menores na questão de "Israel": talvez seja o mais perto que os americanos conseguem chegar do *nombrilisme*.

190

As gangues intelectuais de Nova York fecharam suas navalhas e voltaram para suas casas nos subúrbios — ou se entrincheiraram nos departamentos acadêmicos, para a profunda indiferença do resto da humanidade. Claro, o mesmo vale para as rixas autorreferentes das elites culturais da Rússia ou da Argentina. Mas esta vem a ser uma das razões para Moscou e Buenos Aires não se destacarem no cenário mundial. Os intelectuais de Nova York conseguiram isso, mas em sua maioria seguiram o rumo da sociedade vienense: tornaram-se paródias de si mesmos, em suas instituições e controvérsias predominam as preocupações locais.

Mesmo assim, Nova York *continua* sendo uma cidade mundial. Não é a grande cidade americana — o título será sempre de Chicago. Nova York situa-se no limite: como Istambul ou Mumbai, sua atração especial está no relacionamento conturbado com o território metropolitano para lá de seus limites. Olha *para fora*, sendo por isso cativante para as pessoas que não se sentiriam confortáveis no interior. Nunca foi americana, no sentido em que Paris é francesa: Nova York sempre foi outra coisa também.

Logo depois de chegar lá entrei numa alfaiataria para ajustar uma roupa. Depois de tirar minhas medidas, o alfaiate idoso ergueu a vista: "Onde manda lavar sua roupa?" Respondi: "Bem, em geral, na lavanderia chinesa da esquina." Ele se levantou e me olhou fixo, por um bom tempo, removendo as camadas de Paris, Cambridge, sul de Londres, Antuérpia e cidades do leste. "Por que leva sua roupa suja para o chinês?"

Passei a deixar minha roupa para o alfaiate Joseph lavar, trocamos algumas palavras em iídiche e reminiscências da sua Rússia judaica. A duas quadras, no sentido sul, situa-se o Bar Pitti, cujo dono florentino despreza cartões de crédito e faz a melhor comida toscana de Nova York. Na hora da pressa posso optar por um falafel do israelense, uma quadra adiante; ou me fartar ainda mais com o cordeiro assado no restaurante árabe da esquina.

Cinquenta metros mais à frente estão meus barbeiros: Giuseppe, Franco e Salvatore, todos sicilianos — seu "inglês" parece o do Chico Marx. Residem em Greenwich Village desde sempre, mas nunca realmente fincaram raízes: por que deveriam? Gritam uns com os outros o dia inteiro, em dialeto siciliano, abafando a principal fonte de entretenimento e informação: uma emissora de rádio que transmite em italiano, 24 horas por dia. A caminho de casa, paro e como um *mille-feuilles* de Claude: um *pâtissier* bretão que pagou o curso da London School of Economics da filha com um *éclair* melhor que o outro.

Tudo isso encontra-se num raio de duas quadras de meu apartamento — e deixei de lado a banca de jornais do sikh, a padaria húngara e o restaurante grego (na verdade é albanês, mas fingimos não notar). Três travessas no sentido leste e temos a Pequena Habsburgo: restaurante ucraniano, igreja ortodoxa, mercearia polonesa e, claro, a deli judaica de longa data, que serve pratos do Leste Europeu preparados conforme os preceitos kosher. Só falta um café vienense — sintomaticamente, um lugar assim só se encontra nos bairros abastados da cidade.

Temos a mesma variedade em Londres, obviamente. Mas as culturas da Londres contemporânea foram balcanizadas conforme o bairro e a renda — Canary Wharf, o centro financeiro, mantém distância dos enclaves étnicos do Centro. Em comparação, chego a pé com facilidade a Wall

O CHALÉ DA MEMÓRIA

Street, partindo do meu bairro. Quanto a Paris, a cidade possui bairros segregados onde os netos dos trabalhadores argelinos temporários convivem com vendedores ambulantes senegaleses; Amsterdã tem áreas habitadas por surinameses e indonésios, mas isso é consequência do desmanche do império colonial, fato que os europeus chamam agora de "questão dos imigrantes".

Não se deve romancear. Tenho certeza de que os comerciantes e artesãos do bairro nunca se conheceram, e pouco teriam a dizer uns aos outros: voltam de noite para casa, em Queens ou Nova Jersey. Se eu dissesse a Joseph ou Sal que tinham sorte por viver numa "cidade mundial", eles torceriam o nariz, provavelmente. Mas é verdade — assim como os jovens carroceiros de Hoxton, no início do século XX, eram cidadãos da mesma Londres cosmopolita que Keynes descreveu em *As Consequências Econômicas da Paz*, mesmo sem fazer a menor ideia do que ele estava falando.

Num jantar, em Nova York, me perguntaram certa vez quais eram os pontos fortes dos Estados Unidos, na minha opinião. Respondi, sem hesitar: "Thomas Jefferson, Chuck Berry e o *New York Review of Books*." Para não ser forçado a hierarquizá-los, invoquei os direitos da Quinta Emenda. Não era piada. Thomas Jefferson não exige explicação (embora hoje, no ambiente da censura aos livros didáticos, fosse bom defendê-lo). Chuck Berry dispensa explicações. Mas a influência internacional duradoura da cidade está perfeitamente contida na *NYRB*: quem sabe a derradeira sobrevivente (fundada em 1963) dos anos dourados de Nova York.

Não é por acaso que temos hoje uma London Review of Books, uma Budapest Review of Books, uma Athens

193

Review of Books e a proposta de uma European Review of Books, além de uma Jewish Review of Books: cada uma, a sua moda, confirma a influência do modelo homônimo. Contudo, não emplacaram. Por quê? A London Review of Books é exemplar, em seu estilo (embora eu tenha declinado do convite para colaborar com a publicação, esporadicamente); mas trata-se de um produto particularmente *londrino*, que reflete um esquerdismo inconfundivelmente inglês, se não de Oxbridge. As outras publicações são descaradamente partidárias e provincianas. Em Budapeste, um ensaio meu que encomendaram sobre o escritor húngaro György Konrád foi recusado por *lèse-majesté*; as tentativas de fundar uma "Paris Review of Books" fracassaram devido ao pressuposto local de que deveria servir de vitrine para os lançamentos das editoras e moeda na troca de favores literários.

O que distingue a *New York Review*[1] é justamente não ser a respeito de Nova York — e os redatores não são necessariamente nova-iorquinos: como a própria cidade, tangencia seu ponto de origem. A cidade tornou-se mundial, mas não foi graças aos restaurantes ucranianos da Segunda Avenida, ou mesmo dos ucranianos que fundaram Brighton Beach: eles podem ser encontrados em muitos outros lugares, de Cleveland a Chicago. Foi porque ucranianos instruídos de *Kiev* leem a publicação mais conhecida de Nova York.

Vivemos o declínio da era americana. Entretanto, como a decadência nacional ou imperial influencia o ciclo de vida numa cidade mundial? A Berlim atual é uma metrópole centro cultural em formação, apesar de capital de um país de porte médio e voltado para dentro. Quanto a Paris, vimos que ela manteve seu encanto por quase dois séculos, depois do início do declínio francês.

Nova York — uma cidade mais à vontade no mundo do que em seu país — pode se sair melhor. Como europeu, sinto-me melhor em Nova York do que no satélite britânico meio deslocado da UE: tenho amigos brasileiros e árabes que compartilham o sentimento. Com certeza, todos temos nossas reclamações. Embora eu não consiga me imaginar morando em outra cidade, existem muitos locais onde eu gostaria de estar, para diferentes propósitos. Mas esse também é um sentimento típico nova-iorquino. O acaso tornou-me americano, mas escolhi ser nova-iorquino. Provavelmente, sempre o fui.

1. Transparência total: escrevo lá de vez em quando.

XXIII

Povo fronteiriço

"Identidade" é uma palavra perigosa. Não tem uso contemporâneo respeitável. Na Grã-Bretanha, os mandarins do Novo Trabalhismo — não satisfeitos em instalar mais câmeras de vigilância em circuito fechado do que qualquer outra democracia — tentaram (até agora infrutiferamente) invocar a "guerra ao terror" para introduzir a carteira de identidade obrigatória. Na França e na Holanda "debates nacionais" sobre identidade, estimulados artificialmente, servem de fachada precária para a exploração política do sentimento contra imigrantes — e uma armação descarada para desviar a insegurança sobre a economia para alvos como as minorias. Na Itália, as políticas de identidade foram responsáveis, em dezembro de 2009, pelas buscas de casa em casa na região de Bréscia, visando desalojar moradores negros indesejáveis, numa operação em que a prefeitura prometia, sem o menor pudor, um "Natal branco".

Na vida acadêmica a palavra apresenta usos maldosos equivalentes. O universitário de hoje pode escolher entre uma variedade de estudos de identidade: "estudos de gênero", "estudos femininos", "estudos pacífico-asiático americanos", e dúzias de outros. O problema desses programas para-acadêmicos não é se concentrar numa determinada minoria étnica ou geográfica; é que eles encorajam membros dessas comunidades a estudarem *eles mesmos* — e com isso negam simultaneamente as metas de uma educação liberal, reforçando a mentalidade sectária de gueto que procuravam eliminar. Com excessiva frequência esses programas são cabides de emprego para seus diretores, e o interesse externo é fortemente desestimulado. Os negros estudam os negros, os gays estudam os gays e assim por diante.

Em geral, o gosto acadêmico segue a moda. Esses cursos constituem um subproduto do solipsismo comunitário: hoje somos todos hifenados: americanos-irlandeses, americanos-nativos, afro-americanos etc. A maioria das pessoas sequer sabe falar o idioma de seus antepassados e pouco sabe sobre seu país de origem, especialmente se a família veio da Europa. Mas, na sequência de uma geração de vítimas ostensivas, eles usam o pouco que sabem como fator de orgulhosa identidade: você é o que seus avós sofreram. Nessa competição os judeus se destacam. Muitos judeus americanos ignoram sua religião, cultura, idiomas tradicionais e história, lamentavelmente. Mas sabem a respeito de Auschwitz, e isso basta.

Este cordial banho de identidade sempre me soou estranho. Cresci na Inglaterra, o inglês é a língua na qual penso e escrevo. Londres — minha cidade natal — continua sendo familiar para mim, apesar das inúmeras mudanças que sofreu com o passar dos anos. Conheço bem o país; chego até a compartilhar de alguns preconceitos e predileções. Mas quando penso ou falo sobre os ingleses, instintivamente emprego a terceira pessoa: não me *identifico* com eles.

Talvez isso se deva em parte a eu ser judeu: quando era criança os judeus formavam a única minoria significativa na Grã-Bretanha cristã, alvo de preconceitos culturais sutis, mas inconfundíveis. Por outro lado, meus pais se mantinham afastados da comunidade judaica organizada. Não celebrávamos as festividades judaicas (sempre tivemos árvore de Natal e ovos de Páscoa), não seguíamos os preceitos dos rabinos e só nos identificávamos com o judaísmo no jantar de sexta-feira, com meus avós. Graças à educação inglesa, hoje tenho mais familiaridade com a liturgia anglicana do que com os ritos e práticas do judaísmo. Portanto, cresci como judeu, mas era realmente um judeu não judeu.

Será que essa relação tangencial com ser inglês deriva do local de nascimento de meu pai (Antuérpia)? Possivelmente, mas a ele também faltava uma "identidade" convencional: não era cidadão belga, e sim filho de imigrantes apátridas que se refugiaram em Antuérpia, vindos do império czarista. Hoje, diríamos que os pais deles nasceram em países ainda inexistentes, Polônia e Lituânia. Contudo, nenhum desses novos países abriria os braços a dois judeus belgas — e muito menos lhes concederia cidadania. Embora minha mãe (como eu) tivesse nascido no East End londrino, sendo, portanto, uma cockney genuína, seus pais emigraram da Rússia e da Romênia: países que ela desconhecia, cujos idiomas não falava. Como centenas de milhares de imigrantes judeus, eles se comunicavam em iídiche, uma língua que não possuía utilidade aparente para seus filhos.

Portanto, eu não era nem inglês, nem judeu. Contudo, sinto que sou, intensamente — de maneiras diferentes e em momentos diferentes — as duas coisas. Talvez as identificações genéticas sejam menos determinantes do que supomos. E as afinidades eletivas que adquiri ao longo do tempo: sou um historiador francês? Estudei a história da França, sem dúvida, e falo bem a língua; mas, ao contrário de meus colegas estudantes anglo-saxões na França, nunca me apaixonei por Paris, nutrindo um sentimento ambivalente pela cidade. Já fui acusado de pensar e até de escrever como um intelectual francês — um elogio duvidoso. Mas os intelectuais franceses, com honrosas exceções, me provocam arrepios: formam um clube do qual prefiro ser excluído.

E quanto à identidade *política*? Como filho de judeus autodidatas que cresceram à sombra da Revolução Russa, adquiri desde pequeno uma familiaridade superficial com os textos marxistas e a história socialista — o suficiente para me inocular contra os delírios mais extremos da Nova Esquerda dos anos 1960 e me conduzir com firmeza para o campo social-democrata. Hoje, como "intelectual público" (um rótulo que não ajuda muito), sou associado ao que restou da esquerda.

Dentro da universidade, porém, muitos colegas me olhavam como se eu fosse um dinossauro reacionário. Dá para entender: leciono o legado escrito por europeus mortos há muito; demonstro pouca tolerância com a necessidade de as pessoas "se expressarem", no lugar da clareza; vejo o es-

POVO FRONTEIRIÇO

forço como uma substituição pobre para a realização; trato minha disciplina como dependente dos fatos, em primeiro lugar, e não da "teoria"; e olho com ceticismo grande parte do que passa por pesquisa acadêmica histórica na atualidade. Pelos padrões acadêmicos vigentes sou incorrigivelmente conservador. Qual é o caso?

Como inglês estudioso da história europeia que leciona nos EUA; como judeu meio desconfortável com boa parte do que passa por "judaísmo" na América contemporânea; como social-democrata frequentemente às turras com meus colegas que se definem como radicais, suponho que eu deveria encontrar consolo no insulto familiar de "cosmopolitano sem raízes". Mas isso parece muito impreciso, deliberadamente universal demais em sua ambição. Longe de não ter raízes, eu me considero bem enraizado numa variedade de heranças contrastantes.

De qualquer maneira, esses rótulos me causam incômodo. Sabemos o suficiente a respeito dos movimentos ideológicos e políticos para desconfiar da solidariedade exclusiva em todas as suas formas. Devemos manter distância não só dos "ismos" obviamente sem apelo — fascismo, jingoísmo, chauvinismo — como também das variedades mais sedutoras — comunismo, com certeza, mas também nacionalismo e sionismo. E ainda resta o orgulho nacional: mais de dois séculos depois de Samuel Johnson levantar a questão, o patriotismo — como qualquer um que tenha passado a última década nos Estados Unidos pode testemunhar — continua sendo o derradeiro refúgio dos canalhas.

O CHALÉ DA MEMÓRIA

Prefiro a fronteira: o local onde países, comunidades, alianças, afinidades e raízes se entrechocam desconfortavelmente — onde o cosmopolitismo não é uma identidade, e sim a condição normal de vida. Tais lugares já foram abundantes. No século XX havia muitas cidades que englobavam comunidades e idiomas múltiplos — com frequência mutuamente antagônicas, por vezes conflitantes, mas de alguma forma convivendo. Sarajevo foi uma delas; Alexandria, outra. Tânger, Tessalônica, Odessa, Beirute e Istambul também se qualificam — bem como cidades menores como Chernovitz e Uzhorod. Pelos padrões do conformismo americano, Nova York se assemelha a essas cidades cosmopolitas perdidas: por isso moro lá.

Com certeza há alguma indulgência na afirmação de que alguém está sempre no limite, na margem. Tal alegação só pode valer para um certo tipo de sujeito que exerce privilégios específicos. A maior parte das pessoas, na maior parte do tempo, prefere *não* se destacar: não é seguro. Se todos forem xiitas, melhor ser xiita também. Se todos na Dinamarca são brancos e altos, quem escolheria — se tivesse opção — ser baixo e moreno? Mesmo uma democracia aberta exige certa obstinação de caráter de quem se dedica deliberadamente a combater o que é natural em uma comunidade, em especial no caso de uma comunidade pequena.

No entanto, quem nasceu nas margens que se entrecruzam e — graças à peculiar instituição da cátedra acadêmica — tem liberdade para permanecer ali encontra-se numa posição inegavelmente vantajosa, na minha opinião: o que deveriam saber a respeito da Inglaterra, que só a Inglaterra sabe? Se a identificação com uma comunidade de origem for fundamental para minha noção de ser, eu talvez hesitasse antes de criticar Israel — o "estado judeu", "meu povo" — tão diretamente. Intelectuais com um senso mais desenvolvido de filiação orgânica por instinto se autocensuram: pensam duas vezes antes de lavar a roupa suja em público.

Ao contrário do falecido Edward Said, acredito que posso entender e até simpatizar com quem sabe o que significa amar um país. Não considero o sentimento incompreensível; simplesmente não o compartilho. Contudo, com o transcorrer dos anos as lealdades extremas — a um país, um Deus, um ideal ou um homem — passaram a me apavorar. O verniz fino da civilização cobre o que pode ser uma fé ilusória no fato de sermos todos humanos. Mas, ilusória ou não, melhor confiar em nossa humanidade compartilhada. Certamente, esta fé — e os limites que impõe ao comportamento humano — é a primeira baixa em momentos de guerra ou agitação civil.

Desconfio de que estamos entrando numa era de agitação. Não só por causa de terroristas, banqueiros e do clima, que abalarão nosso senso de segurança e estabilidade. A própria globalização — a terra "plana" de tantas fantasias conciliatórias — será fonte de medo e incerteza para bilhões de pessoas que buscarão em seus líderes proteção. "Identidades" ficarão mais radicais, conforme os indigentes e os desarraigados baterem nos portões cada vez mais altos dos condomínios fechados, de Déli a Dallas.

Ser "holandês", "italiano", "americano" ou "europeu" não será apenas uma identidade; servirá como rejeição e reprovação dos que foram excluídos. O Estado, longe de desaparecer, fará a sua parte: os privilégios da cidadania, a proteção dos direitos dos residentes legais, se tornarão trunfos políticos. Demagogos intolerantes em democracias consolidadas exigirão "testes" — de conhecimentos, do idioma, das atitudes — para determinar se os recém-chegados em desespero merecem uma "identidade" britânica, holandesa ou francesa. Aliás, já estão fazendo isso. Nesse admirável novo século sentiremos falta dos tolerantes, dos marginais: o povo fronteiriço. Meu povo.

XXIV

Toni

Não cheguei a conhecer Toni Avegael. Ela nasceu em 1926 em Antuérpia, onde passou a maior parte da vida. Prima em primeiro grau de meu pai, portanto minha parente. Recordo-me muito bem de sua irmã mais velha, Lily: alta, triste, meus pais costumavam visitá-la numa casinha perdida no noroeste de Londres. Perdemos contato há muito tempo, uma pena.

Eu me lembro das irmãs Avegael (havia mais uma, Bella, a do meio) sempre que me pergunto — ou alguém me pergunta — o que significa ser judeu. Não existe resposta abrangente para a questão: sempre se refere ao que significa ser judeu para mim — algo muito diferente do que significa para outros judeus. Para gentios, tais preocupações são um mistério. Um protestante que não acredita nas Escrituras, um católico que recusa a autoridade do papa em Roma ou um muçulmano para quem Maomé não é o profeta: todos constituem categorias contraditórias. Mas

O CHALÉ DA MEMÓRIA

um judeu que recusa a autoridade dos rabinos segue sendo judeu (mesmo que seja apenas pela definição matrilinear dos próprios rabinos): quem poderia afirmar o contrário? Rejeito a autoridade dos rabinos — de todos eles (e para fazer isso conto com a autoridade dos rabinos). Não participo da vida comunitária judaica, tampouco pratico os rituais. Não faço questão de me relacionar socialmente com judeus — e em geral não me caso com eles. Não sou um judeu "relapso", pois nunca cumpri as exigências. Não "amo Israel" (nem no sentido moderno, nem no sentido original de amar o povo judeu), e não me importo caso o sentimento seja recíproco. De todo modo, sempre que alguém me pergunta se sou judeu, respondo que sim, sem hesitar, e sentiria vergonha de agir de outro modo.

O paradoxo ostensivo desta condição ficou mais claro para mim depois da mudança para Nova York: as curiosidades da identidade judaica são mais salientes. Os judeus americanos que conheço, em sua maior parte, não são muito bem informados a respeito da história ou da cultura judaica; ignoram completamente o iídiche ou o hebraico, e raramente comparecem a cerimônias religiosas. Quando o fazem, comportam-se de um jeito que me intriga.

Pouco depois de mudar para Nova York fui convidado para um bar mitzvah. A caminho da sinagoga, me dei conta de que esquecera o quipá e voltei para pegá-lo em casa, só para verificar que quase ninguém mantinha a cabeça coberta durante a breve e resumida versão da cerimônia religiosa. Claro, era uma sinagoga "reformista" (conhecida na Inglaterra como "liberal"), e eu devia saber que os judeus reformistas consideraram que cobrir a cabeça era opcional, meio século atrás. Mesmo assim, o contraste entre a realização untuosa do ritual e o abandono seletivo das tradições consagradas chamou a minha atenção na época, como ainda chama, como indício do estilo flexível da identidade judaica americana.

Alguns anos atrás compareci a um jantar de gala beneficente em Manhattan, para celebridades das artes e do jornalismo. Na metade do evento, um senhor de meia-idade debruçou-se por cima da mesa e me encarou: "Você é o Tony Judt? Precisa parar de escrever aquelas coisas horríveis sobre Israel!" Acostumado a tais interrogatórios, perguntei-lhe o que havia de tão terrível em meus artigos. "Não sei. Talvez tenha até razão — nunca estive em Israel. Mas nós judeus precisamos nos unir: talvez venhamos a precisar de Israel um dia." O regresso do antissemitismo eliminacionista era só uma questão de tempo: pode vir a ser impossível viver em Nova York.

Acho estranho — e disse isso a ele — que os judeus americanos precisem de uma apólice territorial de seguro no Oriente Médio, uma vez que não estamos na Polônia de 1942. Entretanto, mais curioso ainda foi o cenário do diálogo: a imensa maioria dos premiados naquela noite era judeu. Os judeus dos Estados Unidos são mais bem-sucedidos, integrados, respeitados e influentes do que em qualquer outro lugar ou época da história da comunidade. Por que, então, a identidade judaica contemporânea nos EUA se mantém obsessivamente presa à recordação — e antecipação — de seu próprio desaparecimento?

Se Hitler não tivesse surgido, o judaísmo talvez se diluísse. Com o fim do isolamento judeu no final do século XIX, em grande parte da Europa, os limites religiosos, comunitários e rituais do judaísmo sofreram uma erosão: séculos de ignorância e separação mutuamente imposta chegavam a seu final. A assimilação — pela imigração, casamento e diluição cultural — estava em progresso.

Em retrospecto, as consequências desde então parecem confusas. Na Alemanha, muitos judeus se consideravam alemães — e sofriam perseguições por isso. Na Europa Central, com destaque para o triângulo urbano pouco representativo da região, formado por Praga-Budapeste-Viena, uma intelligentsia judaica secularizada — influente nas profissões liberais — criou bases específicas para uma vida judaica pós-comunitária. Mas o mundo de Kafka, Kraus e Zweig era frágil: dependia das circunstâncias únicas criadas pela desintegração de um império liberal, sendo impotente perante os perigos das tempestades de nacionalismo étnico. Para quem buscava raízes culturais, oferecia pouco além da lamentação e da nostalgia. O rumo dominante para os judeus naqueles anos era o da assimilação.

Vejo isso na minha própria família. Meus avós abandonaram a shtetl e enfrentaram um ambiente estrangeiro hostil — experiência que reforçou por algum tempo uma consciência judaica defensiva. Para seus filhos, porém, o mesmo ambiente representava a vida normal. Os judeus europeus da geração de meus pais deixaram o iídiche de lado, frustrando as expectativas de suas famílias imigrantes, e menosprezavam rituais e restrições comunitários. Já nos anos 1930 era razoável supor que os filhos deles — minha geração — guardariam no máximo um punhado de lembranças da "velha pátria": algo na linha da nostalgia pelas massas e pelo dia de São Patrício, no caso de ítalo-americanos e irlandeses-americanos, com significado semelhante.

Mas as coisas tomaram um rumo diferente. Os judeus emancipados de minha geração, muitos dos quais se imaginavam felizes, totalmente integrados num mundo pós-comunitário, foram reintroduzidos à força no judaísmo enquanto identidade cívica: eles perderam a liberdade de renegá-la. A religião — antes a base da experiência judaica — foi marginalizada ainda mais. Depois de Hitler, o sionismo (até então opção sectária de uma minoria) tornou-se uma opção realista. Ser judeu tornou-se um atributo secular, vindo de fora.

Desde então, a identidade judaica nos Estados Unidos da atualidade tornou-se uma curiosa forma de *dibbuk*: vive por causa de uma experiência dupla, de quase morte. O resultado é uma sensibilidade ao sofrimento passado que pode parecer desproporcional até a outros judeus. Pouco depois de publicar um ensaio sobre o futuro de Israel, fui convidado a ir a Londres para uma entrevista a *The Jewish Chronicle* — uma publicação judaica local. Sentia um certo receio, antecipando mais ataques por conta de minha identificação imperfeita com o Povo Escolhido. Para minha surpresa, a editora desligou o microfone. "Antes de começar", ela disse, "eu gostaria de saber como você aguenta viver no meio daqueles judeus americanos medonhos?"

Contudo, talvez aqueles "judeus americanos medonhos" estejam no caminho certo, apesar de tudo. O que pode significar — depois do declínio da fé, do trauma da perseguição e da fragmentação da comunidade — insistir em ser judeu? Um Estado "judeu" onde ninguém tem intenção de morar, e cuja classe culta intolerante exclui cada vez mais judeus do reconhecimento oficial? Um critério "étnico" de inclusão que qualquer um sentiria vergonha de invocar, para qualquer outro propósito?

Houve um tempo em que ser judeu era uma questão de vida. Nos Estados Unidos de hoje, a religião deixou de nos definir: só 46 por cento dos judeus pertencem a uma sinagoga, só 27 por cento comparecem à sinagoga pelo menos uma vez por mês, e menos de 21 por cento dos membros da sinagoga (10 por cento do total) são ortodoxos. Em resumo, os "crentes" não passam de uma minoria.[1] Os judeus dos tempos modernos vivem da memória preservada. Ser judeu consiste, em larga medida, em lembrar o que significava ser judeu. Na verdade, de todas as injunções rabínicas, a mais duradoura e típica é *Zakhor!* — Lembrem-se! Mas os judeus, em sua maioria, internalizaram o apelo sem muita segurança a respeito do que se espera deles. Somos o povo que se lembra... de alguma coisa.

E o que devemos lembrar, afinal? Dos *latkes* da vovó em Pilvistock? Duvido muito: sem o significado simbólico e a situação, não passam de panquecas com maçã. Narrativas dos terrores dos cossacos, na infância (de que me lembro bem)? Mas que possível ressonância eles poderiam ter para uma geração que nunca viu um cossaco? A memória é um alicerce precário para qualquer empreendimento coletivo. A autoridade das imposições históricas, na falta de uma correspondência contemporânea, torna-se obscura.

Nesse sentido, os judeus americanos estão instintivamente certos de indulgir na obsessão pelo Holocausto: ele fornece referências, liturgia, exemplos e instrução moral — bem como proximidade histórica. Todavia, eles cometem um equívoco terrível: confundem os mecanismos de lembrança com a razão para lembrar. Não temos motivos melhores para sermos judeus do que a tentativa de Hitler de exterminar nossos avós? Se não conseguirmos ir além desta consideração, nossos netos terão poucos motivos para se identificarem conosco.

Na Israel de hoje, o Holocausto é oficialmente invocado como prova do quanto os gentios podem ser violentos. Sua comemoração na diáspora é duplamente explorada: justifica o apoio incondicional a Israel e corrobora a autocomiseração lacrimosa. Para mim, parece um abuso cruel da memória. Mas, e se o Holocausto servisse para nos aproximar, o máximo possível, de uma compreensão mais verdadeira da tradição que evocamos?

Aqui, lembrar torna-se parte de um dever social mais amplo, que de modo algum se restringe aos judeus. Reconhecemos prontamente as obrigações para com nossos contemporâneos; mas e as obrigações para com os que vieram antes de nós? Falamos com desenvoltura do que devemos ao futuro — mas e os débitos para com o passado? Exceto em questões práticas óbvias — preservar instituições e edifícios — só podemos pagar a dívida inteira se lembrarmos e passarmos adiante o dever de lembrar.

Ao contrário de meu companheiro de mesa, não espero a volta de Hitler. E me recuso a recordar seus crimes como uma oportunidade de encerrar a conversa: reformular o fato de ser judeu para criar uma indiferença defensiva à dúvida ou à autocrítica, refugiando-se na autocomiseração. Escolho invocar um passado judaico inacessível à ortodoxia: o que propicia o diálogo, em vez de impedi-lo. O judaísmo para mim é uma capacidade de questionamento coletivo, de contar verdades incômodas: a capacidade *dafka*[2] do estranhamento e da dissenção pela qual fomos um dia conhecidos. Não basta tangenciar as convenções de outros povos; devemos também ser os críticos mais implacáveis de nosso povo. Sinto uma dívida de responsabilidade para com esse passado. Por isso sou judeu.

Toni Avegael foi transportada para Auschwitz em 1942, morrendo na câmara de gás por ser judia. Recebi meu nome em homenagem a ela.

1. Ver o Censo Nacional da População Judaica de 2000-2001, p. 7; ver http:// www.jewishfederations.org/getfile.asp?id=3905
2. *Dafka*: contestatória.

ENVOI

XXV

Montanhas mágicas

Ninguém devia gostar da Suíça. Revelar afeição pelos suíços ou por seu país é como confessar que sente falta de fumar cigarro, ou de ver *A Família Sol-Lá-Si-Dó*. Isso marca o sujeito imediatamente como alguém ao mesmo tempo ignorante do desenvolvimento dos últimos trinta anos e incuravelmente convencional, da pior forma possível. Sempre que revelo meu encanto pelo país os jovens bocejam educadamente, os colegas liberais me olham com desconfiança ("Você não *sabe* nada da Guerra?"), minha família sorri, indulgente: Lá *vem* ele, de novo! Mas não me importo. Adoro a Suíça.

Quais são as objeções? Bem, a Suíça tem montanhas. Mas, se o sujeito quer ir para os Alpes, há picos mais altos na França, comida melhor na Itália e neve mais barata na Áustria. E, o pior de tudo, as pessoas são mais amáveis na Alemanha. Quanto aos suíços propriamente ditos, "Amor fraternal, quinhentos anos de democracia e paz, e o que eles criaram? O relógio cuco".

E só piora. Os suíços se deram notavelmente bem na Segunda Guerra Mundial — negociando com Berlim, lavando dinheiro de pilhagens. Foram os suíços que pediram aos alemães que marcassem os passaportes judeus com um "J", e que, numa embaraçosa demonstração de chauvinismo renitente, acabaram de votar a proibição de construir minaretes (num país que possui apenas quatro, e onde quase todos os muçulmanos residentes são refugiados seculares da Bósnia). Há também o paraíso fiscal, embora nunca tenha ficado claro para mim por que os bancos suíços atenderem um punhado de ricos criminosos estrangeiros é muito pior do que aquilo que a Goldman Sachs fez com milhões de dólares americanos honestos.

Então, por que gosto do país? Em primeiro lugar, por ter as virtudes de seus defeitos. Tedioso? Com certeza. Mas tedioso também quer dizer suave, tranquilo. Viajei de avião para Genebra faz alguns anos, com meu filho caçula, de 9 anos. Ao chegar, descemos para a estação ferroviária — uma daquelas que os suíços, tão maçantes, inventam de construir bem debaixo dos aeroportos — e esperamos o trem sentados num café. "É tudo tão limpo!" O menino comentou. Era mesmo: tudo absolutamente imaculado. Nem daria para notar, se o sujeito chegasse de Cingapura ou Liechtenstein —, mas capaz de chamar a atenção de uma criança acostumada ao JFK, e cuja única experiência em aeroportos europeus até então havia sido o confinamento do decadente shopping center de Heathrow.

Os suíços são obcecados por limpeza. Certa vez, num trem que saiu de Interlaken, fui repreendido por uma senhora só por colocar a parte externa do pé esquerdo no canto do banco da frente. Na Inglaterra, onde ninguém teria se incomodado, se notasse, uma interferência insolente como a dela me surpreenderia. Na Suíça, porém, senti-me envergonhado por quebrar uma regra óbvia de civilidade — estando envolvido na responsabilidade compartilhada pelos bens públicos. Incomoda ser repreendido por um concidadão, mas a longo prazo a indiferença insensível provoca danos muito maiores.

A Suíça oferece um número formidável de possibilidades — e portanto, de benefícios — para identidades misturadas. Não me refiro à mistura de idiomas (alemão, francês, italiano, romanche), ou à impressionante — e com frequência negligenciada — variedade topográfica. Refiro-me aos contrastes. Tudo na Alemanha é eficiente, portanto, não existe a variedade que nutre a alma. A Itália é inevitavelmente interessante: não há alívio. Mas a Suíça apresenta uma série de contrastes: eficiente, mas provinciana; linda, mas insípida; hospitaleira, mas reservada — ao menos com os estrangeiros dos quais tanto depende para seu bem-estar.

O contraste mais marcante ocorre entre a instável camada de verniz superficial e as tranquilas profundezas que ela encobre. Durante o verão, faz alguns anos, participei de uma expedição ao glaciar no topo do Klein Matterhorn, uma popular estação de esqui acima de Zermatt. Lá, nas encostas ensolaradas — paisagem emoldurada nos quadros de um restaurante absurdamente caro — periguetes italianas de minissaia e casaco de pele se penduravam em russos de fisionomia severa que chegavam ali de helicóptero, carregando a última palavra em equipamentos para esquiar. *Debbie Does Davos*: a pior parte da Suíça.

MONTANHAS MÁGICAS

Então, vindos do nada, surgem na esquina três homens baixos, idosos: encapotados em lã e couro, seus rostos corados transmitiam um ar sensato corroborado pelos gorros. As mãos firmes seguravam bastões robustos, e eles apoiaram as mochilas imensas num banco, para desatar as botas de neve. Com sublime indiferença para a dolce vita em volta deles, os montanhistas enrugados se parabenizavam em alemão suíço incompreensível pelo que deveria ter sido uma subida penosa — e, suando profusamente, pediram três cervejas à garçonete alegre, de vestido branco: a boa Suíça.

Durante os anos 1950, meus pais e eu fizemos várias viagens à Suíça. Ocorreu durante seu breve período de prosperidade, embora a Suíça na época não fosse muito cara, de todo modo. Acho que o que me chamou a atenção como criança foi a *regularidade* da organização em tudo. Em geral, íamos pela França, na época um país pobre, desolado. As casas dos vilarejos franceses ainda exibiam marcas de tiros e bombas, os anúncios de Dubonnet se desfaziam, rasgados. A comida era boa (até um menino londrino percebia isso), mas os restaurantes e hotéis tinham uma atmosfera decadente, mofada: baratos e deprimentes.

Então cruzávamos a fronteira, sempre por algum desfiladeiro ou serra cobertos de neve, fustigados pelo vento... e entrávamos numa terra de chalés impecáveis enfeitados com flores, ruas limpíssimas, lojas de ar próspero e pessoas vivazes, satisfeitas. A Suíça parecia intocada pela guerra recentemente encerrada. Minha infância era em branco e preto, mas a Suíça vinha em cores: vermelho e branco, marrom e verde, amarelo e ouro. E os hotéis! Os hotéis suíços de minha infância evocavam o aroma dos pinheiros, como se tivessem nascido espontaneamente no solo da floresta que os rodeava. Havia madeira sólida, firme, em tudo: portas maciças, escadarias de tábua, camas firmes, relógios cuco de madeira.

Os salões de jantar possuíam amplas janelas panorâmicas, nas mesas com toalhas de linho branco sempre encontrávamos vasos de flores — e embora não possa ser verdade, ficou em mim a impressão de que não havia mais ninguém ali. Claro, nem ouvira falar em Clavdia Chauchat; mas, nos anos seguintes, eu a imaginava a entrar silenciosamente num salão daqueles, os olhos escuros a perscrutar as mesas, enquanto eu — feito Castorp em *A Montanha Mágica* — silenciosamente tentava atraí-la para sentar comigo. Na verdade, meus companheiros eram casais de aparência impassível, de uma certa idade: a Suíça nos faz sonhar, mas nem tanto.

A memória nos prega peças. Sei que quase sempre passávamos as férias em Bernese Oberland, na Suíça alemã. Contudo, associo com carinho o país às minhas primeiras tentativas toscas de falar francês: comprar chocolate, perguntar o caminho, aprender a esquiar. E comprar passagens. A Suíça para mim sempre teve a ver com trens: suas virtudes únicas sedutoramente encapsuladas no pequeno museu do transporte, na periferia de Lucerna. Ali aprendemos sobre os primeiros trens elétricos do mundo; os primeiros e tecnicamente mais difíceis túneis ferroviários; as estradas mais altas da Europa — culminando com a impressionante Jungfraujochbahn, que passa pelo coração do monte Eiger e termina numa estação permanente a mais de 3.400 metros acima do nível do mar.

Os suíços, curiosamente, nunca se incomodaram com o que a British Rail costumava chamar de "o tipo errado de folhas" — ou, no caso, o tipo errado de neve, que deixava os trilhos muito escorregadios. Assim como os montanhistas desceram do temido Klein Matterhorn com ar descontraído, os trens construídos pelos bisavôs deles trafegam há décadas sem esforço entre Brig e Zermatt, de Chur a St. Moritz, de Bex a Villars.

Em Andermatt, o epicentro do país onde os rios Reno e Rone surgem gelidamente da solidez da montanha, a *transalpini* de Milão a Zurique corta fundo as montanhas de Gotthard, enquanto, centenas de metros acima, o Glacier Express sobe uma série de assustadoras cremalheiras em zigue-zague, em sua vertiginosa escalada até o teto da Europa. É muito difícil trafegar por ali de carro, quase impossível de bicicleta ou a pé. Como construíram as ferrovias? Quem são essas pessoas?

Minhas lembranças mais felizes são de Mürren. Fomos lá pela primeira vez quando eu tinha 8 anos: um vilarejo preservado a meio caminho do maciço de Schilthorn ao qual só se chegava de trem ou teleférico. Leva uma eternidade — e um mínimo de quatro trens — para chegar ao lugar, e há pouco o que fazer quando se chega. Não se destaca pela comida, as lojas não nos atraem, para dizer o mínimo.

Dizem que é bom para esquiar; para caminhar, com certeza. A vista — um vale profundo até a cadeia de Jungfrau — é espetacular. O mais próximo do entretenimento é a chegada e a partida do trem de um só vagão que chega e parte pontualmente, subindo a encosta da montanha até o topo do *funiculaire*. O chiado elétrico da partida da pequena estação e o tranquilizador barulho dos trilhos são o máximo

O CHALÉ DA MEMÓRIA

de poluição sonora no vilarejo. Assim que a última locomotiva é recolhida ao abrigo, o platô mergulha no silêncio.

Em 2002, depois de uma operação de câncer e um mês de radiação pesada, levei minha família de volta a Mürren. Meus filhos, de 8 e 6 anos, deram a impressão de gostar tanto dali quanto eu, mesmo hospedados num hotel bem melhor. Tomavam chocolate quente, corriam pelos campos floridos e pequenas cachoeiras, observavam assombrados o grande Eiger — e adoraram a pequena ferrovia. A não ser que eu muito me engane, Mürren propriamente dita não mudou nada, continuava sem ter nada para fazer. Um Paraíso.

Nunca me vi como um ser enraizado. Nascemos numa cidade por acaso, em vez de nascer em outra, e passamos por diversos lares temporários no decorrer de nossas vidas errantes — pelo menos comigo foi assim. A maior parte dos lugares deixa lembranças variadas: não consigo pensar em Cambridge, Paris, Oxford ou Nova York sem que me venha à mente um caleidoscópio de encontros e experiências. Como me lembro deles muda conforme meu estado de espírito. Mas Mürren nunca muda. Nada nunca dava errado lá.

Uma espécie de trilha acompanha a estradinha de ferro de Mürren. Na metade do caminho, um café — única parada da linha — serve o cardápio costumeiro das ferrovias suíças. No alto, as montanhas caem abruptamente no vale fundo. Por uma trilha na parte de trás chega-se aos estábulos de verão, que abrigam vacas, cabras e pastores. Ou a pessoa pode esperar pelo próximo trem: pontual, previsível, preci-

MONTANHAS MÁGICAS

so até a marca dos segundos. Nada acontece: é o lugar mais gostoso do mundo. Não podemos escolher como a nossa vida começa, mas podemos encerrá-la onde quisermos. Eu sei onde quero estar: indo para nenhum lugar em especial, naquele trenzinho, para todo o sempre.

Este livro foi impresso na
LIS GRÁFICA E EDITORA LTDA.
Rua Felício Antônio Alves, 370 – Bonsucesso
CEP 07175-450 – Guarulhos – SP
Fone: (11) 3382-0777 – Fax: (11) 3382-0778
lisgrafica@lisgrafica.com.br – www.lisgrafica.com.br